Marta Buoro

Eco-Museu "Olha Lisboa"

Marta Buoro

Eco-Museu "Olha Lisboa"

Imprint
Any brand names and product names mentioned in this book are subject to trademark, brand or patent protection and are trademarks or registered trademarks of their respective holders. The use of brand names, product names, common names, trade names, product descriptions etc. even without a particular marking in this work is in no way to be construed to mean that such names may be regarded as unrestricted in respect of trademark and brand protection legislation and could thus be used by anyone.

Cover image: www.ingimage.com

This book is a translation from the original published under ISBN 978-620-2-19765-6.

Publisher:
Sciencia Scripts
is a trademark of
Dodo Books Indian Ocean Ltd. and OmniScriptum S.R.L publishing group

120 High Road, East Finchley, London, N2 9ED, United Kingdom
Str. Armeneasca 28/1, office 1, Chisinau MD-2012, Republic of Moldova, Europe
Printed at: see last page
ISBN: 978-620-8-04759-7

Copyright © Marta Buoro
Copyright © 2024 Dodo Books Indian Ocean Ltd. and OmniScriptum S.R.L publishing group

Índice

Eco-Museu "Olha Lisboa"

Autor: Marta Buoro

"Lisboa à beira-mar, cheia de vistas,

Ó Lisboa das meigas Procissdes!

Ó Lisboa de Irmãs e de fadistas!

Ó Lisboa dos liricospregdes... Lisboa com o Tejo das Conquistas, Mais os ossos provàveis de Camdes!

Ó Lisboa de màrmore, Lisboa!

Quem nunca te viu, não viu coisa boa... "

António Nobre, *"Evocação de Lisboa"*

Introdução

Lisboa foi fundada na margem norte do rio Tejo, onde uma suave deflexão quebra a linearidade da margem criando um promontório sobranceiro à vasta extensão de água do estuário. No século XVI nasceram os *Miradouros*[1]: praças- miradouro, viradas para o Tejo e para o Palácio Real da Ajuda, símbolo do poder do Reino e depois do Estado. Sempre localizados no topo de uma colina simbolizavam o domínio sobre o território, pontos privilegiados de observação e locais de contemplação, janelas infinitas onde se esperava o regresso dos marinheiros navegados na Era das Grandes Explorações. São estas as paisagens da *saudade*[2] formas particulares de fortificações modernas, onde estão bem enraizadas as raízes da cultura portuguesa.

O projeto que se segue é o resultado de uma viagem, iniciada por acaso e denominada Erasmus, que me deu a possibilidade de estudar, viver e explorar a cidade de Lisboa durante um ano inteiro. O fio condutor que acompanha as mais belas recordações desta experiência é a luz; aquela luz branca, clara e deslumbrante que ilumina a cidade com o nascer do sol, mergulhando depois ao pôr do sol no rio Tejo, uma luz que muda a visão da paisagem à sua frente, alargando a linha do horizonte em direção ao infinito.

A cidade de Lisboa é muito rica em património histórico, arquitetónico e paisagístico e o local perfeito para observar todo o seu património são os *Miradouros*, que variando em tamanho e forma, constituem sempre um local de convívio, motivo de reflexão, locais que oferecem novas perspectivas visuais e não visuais.

O tema deste livro é a elaboração de uma estratégia de design para a criação de um Eco-Museu do Sistema de *Miradouros* de Lisboa, com o objetivo de ligar novamente os miradouros menos conhecidos e muitas vezes em abandono parcial ou total, prevendo intervenções de renovação, recompondo assim uma rede de *Miradouros* que dominam as colinas a oeste de Lisboa; O projeto diz respeito a um museu territorial,

---

1 A palavra pode ser traduzida como miradouros, lugares altos com vistas panorâmicas.

2 *Saudade* é uma palavra portuguesa que não tem tradução direta em inglês. Em português, "Tenho saudades tuas" traduz-se por "tenho (sinto) *saudade* de ti", significando "tenho saudades tuas", mas tem um tom muito mais forte. De facto, pode-se ter *saudade* de alguém com quem se está, mas ter algum sentimento de perda em relação ao passado ou ao futuro.

formado por 5 itinerários temáticos, que pode reforçar a identidade cultural da capital portuguesa, revitalizando lugares esquecidos, oferecendo uma nova "visão" sobre o património da cidade.

O projeto que se segue foi desenvolvido como dissertação de Mestrado em Arquitetura Paisagista na Escola de Arquitetura da Universidade de Florença (Itália), durante os anos lectivos 2013/2014, com a orientação do Professor Enrico Falqui.

1. Lisboa, uma breve história das suas origens e do seu crescimento

Capital de Portugal, situada no sudeste do continente europeu, Lisboa foi fundada na margem norte do rio Tejo, onde uma suave inflexão no interior do próprio rio quebra a linearidade da margem criando um promontório sobranceiro à vasta expansão de água do estuário que, pelas suas consideráveis distâncias a partir de pontos opostos das margens, parece um mar interior (Mar da Palha[3]). O Estuário é o produto de uma das três grandes depressões da Península Ibérica. A cidade assume um papel de interface entre a terra e a água, bem como entre a água doce e a água salgada, potenciando a biodiversidade. Os limites da cidade, ao contrário do que acontece em muitas grandes cidades, são definidos por limites geofísicos muito precisos: o estuário (S-E), o Parque Florestal de Monsanto (W), a curva de nível definida pelas culturas de *Sacavém* (NE) e o rio Tejo.

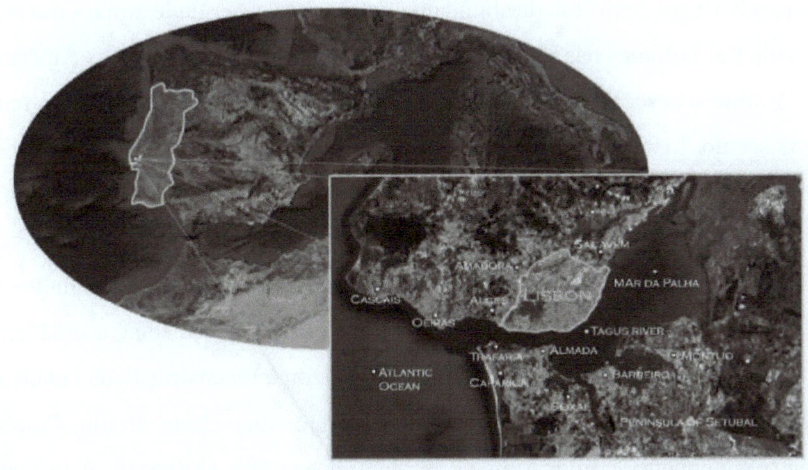

---

3 *O Mar da Palha* é uma grande bacia no estuário do rio Tejo, junto à sua foz, que no seu ponto mais largo atinge 23 km de largura. Nos dias de menor visibilidade, a margem sul não se distingue, mas a origem do nome está ligada a uma perigosa carga de outros tempos, a palha, que era carregada, a partir de fragatas aos vapores da companhia alemã OPDR, para as Ilhas Canárias, onde servia para embalar bananas exportadas então para o Norte da Europa. Como a palha era altamente inflamável, os navios eram obrigados a fazer os carregamentos ancorados, pois o perigo de incêndio nas docas e armazéns do Porto de Lisboa era significativo, daí o nome original desta bacia hidrográfica.

Figura 1: Enquadramento territorial de Lisboa, Portugal.

A história de Lisboa remonta a 300.000 anos atrás, segundo a lenda, foi fundada e baptizada por *Ulisses* como *Ulissipo* ou *Olissopo*, que tem origem nas palavras fenícias "Allis Ubbo", que significa "porto encantador". É daí, segundo a lenda, que Lisboa recebeu o seu nome. A história inicial de Lisboa foi um campo de batalha para fenícios, gregos e cartagineses, mas foram os romanos que iniciaram o seu reinado de dois séculos em Lisboa, em 205 a.C. Durante o período romano, Lisboa tornou-se uma das cidades mais importantes da Península Ibérica e passou a chamar-se Felicitas Julia. Em 714 a.C., os mouros chegaram à península e resistiram aos ataques cristãos durante 400 anos. As zonas mais antigas da cidade ainda conservam o carácter da cidade muçulmana, com ruas estreitas e pequenas praças, encimando a colina de São Jorge, antigo e primordial núcleo fundador da cidade, o seu coração.

O século XV foi o ponto de partida para os Descobrimentos Portugueses, uma era durante a qual Portugal desfrutou de abundante riqueza e prosperidade através das suas recém-descobertas colónias nas ilhas do Atlântico, nas costas de África, nas Américas e na Ásia. A famosa descoberta por Vasco da Gama do caminho marítimo para a Índia marcou este século; Lisboa era então o centro comercial mais próspero do mundo. Foi, de facto, durante este período que foram construídos muitos dos símbolos da cidade atual, como o *Mosteiro dos Jerónimos* e a *Torre de Belém*, ambos classificados pela UNESCO como Património Mundial. No entanto, esta época não durou muito na infeliz história de Portugal: o terramoto de 1755 destruiu quase toda a cidade. O Marquês de Pombal[4]Ministro do Rei, foi quem organizou a reconstrução da cidade de acordo com as regras do urbanismo iluminista, caraterístico deste século. Pombal encarregou o Engenheiro Militar Manuel da Maia, de estudar a situação. A primeira intervenção aceite, de entre as várias propostas, foi a criação de um aterro na zona hoje conhecida por *Baixa*, aproveitando os escombros de construção destruídos pelo terramoto, para regularizar o terreno, além de que este sistema lhe permitia eliminar o

---

4 D. Sebastião José de Carvalho e Melo, 1º Marquês de Pombal, 1º Conde de Oeiras (13 de maio de 1699 - 8 de maio de 1782) foi um estadista português do século XVIII. Pombal é notável pela sua liderança rápida e competente no rescaldo do terramoto de Lisboa de 1755. O termo *Pombalino* é utilizado para descrever não só o seu mandato, mas também o estilo arquitetónico que foi adotado após o grande terramoto.

perigo das cheias. O Plano aprovado previa para a maioria dos bairros um alinhamento Norte-Sul (a direção comum das oscilações sísmicas), de modo a que, num eventual caso de sismo, as fachadas com o lado mais curto fossem as mais expostas ao impacto dos abalos. Para além do estudo de pormenores técnicos relativos à estrutura dos edifícios, De Maia desenha algumas fachadas como modelos a seguir na reconstrução: todos caracterizados pelo "princípio da igual altura", os edifícios de estilo pombalino, foram concebidos de forma a criar uma hierarquia baseada na importância das ruas para as quais os edifícios se debruçavam, distinguindo-se pela forma das pedras que enquadram as janelas, definindo assim uma certa "monotonia das ruas" que adquiriram o seu nome com base na distribuição dos exercícios profissionais que ocupavam o rés do chão dos edifícios (Rua do Ouro, Rua dos Sapateiros, etc.).As raízes multiculturais de Lisboa, os aspectos morfológicos do território que sempre desempenharam um papel fundamental no desenvolvimento e na transformação da cidade, a consideração destas caraterísticas na elaboração do plano de reconstrução pós-terramoto, fizeram desta capital um exemplo único de Cidade Pública, isto é, uma cidade de origem e desenvolvimento mediterrânico, com caracteres muçulmanos misturados com grandes espaços abertos geométricos e parques estruturando uma rede multifacetada de património. Hoje em dia Lisboa joga o jogo duplo: na *Baixa* a planta é ortogonal e assemelha-se a umas palavras cruzadas, mas subindo as colinas de *Alfama*, as vias tornam-se nós, cotovelos súbitos, um labirinto onde a luz é o líder a seguir para o percorrer.

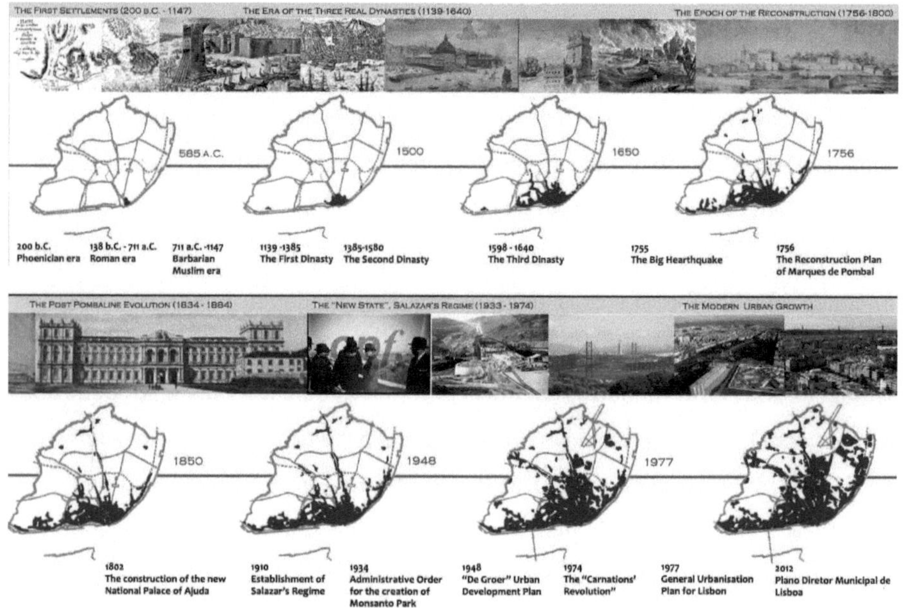

1.2 Uma cidade de luz

Fenómeno mundialmente reconhecido, a luz natural de Lisboa, tem sido recentemente tema de várias exposições a decorrer na capital portuguesa, sendo considerada única e especial, continuando a encantar todos os portugueses e estrangeiros todos os dias.

"A luz de Lisboa é também uma forma de nos contar a mudança de uma cidade que por vezes parece cristalizada num eterno 1950 e que de repente se abre à modernidade"

[La Repubblica, 2015].

Figura 2: No ano em que se comemorou o Ano Internacional da Luz, a Câmara Municipal de Lisboa e a EGEAC apresentaram "A Luz de Lisboa", uma exposição sobre a mítica luz da capital portuguesa, que abordou não só questões científicas sobre as propriedades desta luz, mas também permitiu descobrir a presença e influência da luz de Lisboa em manifestações da arte e da cultura visual do século XX / XXI ao nível da literatura, fotografia, cinema e vídeo, pintura e publicidade.

Do ponto de vista científico, as condições geo-morfológicas da cidade combinadas com a arquitetura e os materiais luminosos são as principais causas deste fenómeno; o oceano e o rio de Lisboa absorvem a luz marinha como uma esponja e libertam-na dentro da cidade, onde mais, onde menos, dependendo da sua morfologia urbana.

No bairro *de Belém*, o turista fica maravilhado com as rendas de pedra dos edifícios de estilo *pombalino*: aqui a luz quase não se distingue dos melros, dos túmulos, das naves e das portas (Fig. 3). Por outro lado, na zona de *Alfama*, nas ruelas que conduzem aos bares onde se realiza o tradicional serão ao som da melancolia do *Fado*, a luz esbate-se lentamente na sua ausência, torna-se subtração e, no crepúsculo, saboreia realmente o vislumbre de estradas ou caminhos não menos tortuosos do que uma canção.

Se a luz à beira-rio é o reflexo geométrico das cores claras (a largura das ruas ilumina as paredes de tons pastel, amarelo, azul celeste, azul-petróleo), as colinas estão cheias de sombras, o espaço é pequeno, as casas quase se tocam, a escuridão tem uma profundidade metafísica.

Figura 3: Visita ao meio-dia na Torre de Belém, março de 2014.

Figura 4: Fim de tarde no bairro *de Alfama*, ao fundo a vista do *Panteão Nacional*, maio de 2014.

2.   Os Miradouros

Lisboa é conhecida como a cidade das sete colinas, embora sejam cerca de trinta e é a partir destas que é possível observar as várias paisagens de Lisboa; sobre estas colinas foram construídos os *Miradouros*. Sempre localizados no cimo de uma colina, facilmente visíveis do mar, simbolizavam o domínio sobre o território, pontos privilegiados de observação e locais de contemplação, praças- miradouro, viradas para o rio Tejo e para o Palácio Real da Ajuda, símbolo do poder do Reino, janelas infinitas onde se esperava o regresso dos marinheiros navegados na Era das Grandes Navegações.

Figura 5: Vista de Lisboa a partir do Miradouro Sophia de Mello Breyner Andresen.

A sua estrutura é variada, não estando propriamente ligada a um período histórico específico, cada um destes "miradouros" foi construído com um desenho diferente, e com o passar do tempo com intenções diferentes. O que distingue os *Miradouros* de Lisboa do resto dos miradouros do mundo são precisamente as caraterísticas físicas da cidade, que criam, através dos *Miradouros*, uma rede de património cultural e histórico interligada por estes pontos de espaço público de encontro e contemplação, tornando-se assim uma espécie de aglomerados espontâneos de processos quotidianos de evocação, compreensão e revitalização do tecido urbano. Os únicos elementos cuja presença é sempre constante são: *Os azulejos* e as calçadas ou caminhos de *calçada portuguesa*.

2.1 Azulejos

O *azulejo* é um ornamento arquitetónico típico português e espanhol digno de consideração pela sua beleza, consistindo numa peça de cerâmica, não muito espessa, caracterizada por uma superfície vidrada e decorada. Tradicionalmente tem uma forma quadrada e mede cerca de 12 cm de lado, ainda que em muitas decorações tenha formas diferentes; estas decorações são sempre de forma geométrica ou linear.

Figura 6: Amostra de Azulejos.

A transformação destas placas de forma poligonal, retangular ou estrelada, era difícil e dispendiosa, uma vez que exigia o corte no local por artesãos especializados, razão pela qual este tipo de painel cerâmico só era aplicado em edifícios luxuosos. Os oleiros para facilitar este grande trabalho de recorte e colocação, começaram a recortar as peças em barro fresco com o auxílio de um molde, em princípio de latão e mais tarde de ferro, escolhendo o quadrado como única forma de impressão por razões económicas.

Assim, nasceu o *azulejo* (século XV), uma folha de forma regular: azul, vermelho, branco e castanho escuro. A técnica *do azulejo* consiste em pintar à mão sobre telhas de barro, secas ao ar durante 45 dias e cozinhadas pela primeira vez a 1000°. Foi desenvolvida durante o século XIV, mas atingiu a sua expressão máxima no final do século XV e ao longo do século XVI. Inicialmente, a sua utilização limitava-se à decoração de igrejas e capelas, mas os azulejos passaram a ser utilizados para diversos fins, como o adorno de fachadas e interiores de edifícios, casas, placas de ruas, desempenhando ainda uma função puramente ornamental; a cobertura da maior parte dos edifícios de Lisboa com estes azulejos tem, de facto, também a finalidade de tornar os edifícios resistentes ao fogo e de limitar o desgaste do reboco provocado pela humidade do ar. Estes azulejos típicos, foram importados também para o Brasil durante o período dos Descobrimentos Portugueses e são utilizados, ainda hoje, e no passado mais recente, para realçar, marcar ou dar identidade a lugares; os azulejos feitos com esta mesma técnica por Cândido Portinari[5] que os utilizou para vestir a *Igreja São Francisco de Assis da Pampulha*, em Belo Horizonte, Minas Gerais, projectada por Oscar Niemeyer em 1943, e ainda foram elemento fundamental da decoração e desenho dos jardins de Burle Marx.

---

5 Cândido Portinari (29 de dezembro de 1903 - 6 de fevereiro de 1962) foi um dos mais importantes pintores brasileiros e um proeminente e influente praticante do estilo neorrealista na pintura.

Figura 7: Uma instalação artística de *azulejos* num edifício na zona *da Baixa*, 2015.

2.2 . A *calçada* portuguesa.

A mesma apropriação cultural aconteceu com outro material tradicional no Brasil; o "Calçadão de Copacabana", avenida projectada em 1970 por Roberto Burle Marx, que a desenhou deixando ondas de pedra paralelas reflectindo no pavimento o desenho das ondas do mar, utilizando o pavimento típico das ruas e praças de Portugal (Fig.8).

Figura 8: Calçadão de Copacabana, Brasil.

A *calçada* portuguesa, ou mosaico português, é o nome de um determinado pavimento utilizado principalmente em passeios e espaços públicos em geral. Este tipo de pavimento é hoje em dia especialmente utilizado nos países lusófonos e obtém-se com o revestimento do solo com pedras de forma irregular, geralmente em basalto e calcário, que podem ser utilizadas para formar motivos decorativos, tirando partido do contraste de cores entre as diferentes pedras utilizadas. As cores tradicionais são o preto e o branco, mas também se usavam, em tempos antigos, o castanho e o vermelho. A Calçada nasceu em Portugal em 1500, por ordem do rei D. Manuel I, nessa altura, o material utilizado era apenas o granito do Porto, cujos custos de transporte eram demasiado elevados. Após o terramoto de 1755 tornou-se ainda mais impensável reconstruir a cidade com este tipo de pavimento, por ser muito dispendioso e de difícil execução. Em 1800 este tipo de pavimento começou a reaparecer massivamente, para zonas pedonais, parques, praças, pátios, e assim para os *Miradouros*.

Figura 9: Pavimento da Calçada no centro de Lisboa, 2017.

Figura 10: Pavimentação em calçada da Praça do Rossio, Lisboa.

3.   Lisboa: Uma paisagem de paisagens

No século XXI, as cidades, tendo emergido como a forma dominante de assentamento humano e os principais actores económicos e ambientais[6]marcaram o fim de uma fase ou, pelo menos, a sua transformação, o que implica uma reformulação do objeto e do discurso sobre a *paisagem*. A discussão sobre o significado da *paisagem* ganhou um profundo significado no discurso sobre as cidades e os territórios desde o final da década de oitenta do século XX. A referência à paisagem tem proliferado tanto na arquitetura e no urbanismo, como na geografia, na história, na economia e nas ciências sociais; O crescimento urbano alastrante e a absorção de recursos em nome de um desenvolvimento económico que tem legitimado cada vez mais a dispersão e a fragmentação do território, fizeram com que as bordas, os limites entre unidades paisagísticas distintas que outrora podiam ser cartografadas com uma precisão quase milimétrica, se tenham sombreado e expandido, resultando na geração de cenários de transição, sem descontinuidade entre os mais expressivamente urbanos e os marcadamente rurais. (Noguè, 2010). Francesco Careri define os efeitos desta condição como "um arquipélago fractal de paisagens fragmentadas" dominado pela estandardização, homogeneização, descontinuidade e muitas vezes banalização (Careri 2002). O que acontece é, no fundo, a queda ou a rutura do paradigma Homem-Natureza, definitivamente em crise, já não utilizável face aos desafios que as condições contemporâneas impõem, um afastamento substancial de um paradigma que não desemboca necessariamente num outro. (Vitta, 2005). A multiplicação de posições críticas ao funcionalismo do século XX incide fortemente sobre os aspectos performativos do espaço: o projeto paisagístico centra-se na recuperação do fragmento, para espelhar a complexa fenomenologia da dispersão através de um processo de reescrita do espaço, recuperando materiais, práticas, hábitos e compreendendo as suas dinâmicas de ocupação e apropriação (Sampieri, 2008). Aquela "taxonomia estreita e pedante"[7] de que se embebeu o significado de *paisagem* pitoresca, segundo a qual o produto da Arquitetura ou da Engenharia Civil nada tinha a ver com o jardim ou a

---

6 S. Sassen, (1997), Le città nell'economia globale, Il mulino ed., Bolonha.
7 Jackson J. B. (1984), The world itself, em Rediscovering the vernacular landscape, Yale University Press.

Arquitetura Paisagista, perdeu o seu significado para lidar com os desafios contemporâneos. Numa perspetiva histórica, a Paisagem é o produto da interação contínua entre o Homem e a natureza, *a paisagem* não é a natureza ou um belo panorama, não é apenas verde mas também pode ser cinzenta, ou melhor, regressando ao significado original do termo: *"...a paisagem é uma composição de espaços criados pelo homem no terreno[...] Não é uma caraterística natural do ambiente, mas um espaço sintético, um sistema de espaços criados pelo homem sobrepostos à face do terreno, funcionando e evoluindo não de acordo com as leis naturais, mas para servir uma comunidade..."*[8]. Esta redefinição da conceção do que é a *paisagem* permite-nos finalmente abandonar o conceito de cidade como uma forma de ordem imposta ao território[9]*Esta redefinição da conceção do que é a paisagem permite-nos finalmente abandonar* o conceito de cidade como uma forma de ordem imposta ao território, olhando para as cidades com novos olhos, onde "a multiplicidade, a heterogeneidade, o contraste e a combinação de diferentes elementos" se fundem numa homogeneidade multifacetada (Boeri 2002, Sampieri 2008), ou seja, a cidade não é apenas uma cidade, é uma *paisagem*, "uma composição de espaços criados ou modificados pelo homem para servir de infraestrutura ou de pano de fundo à nossa existência colectiva"[10]. A cidade volta a ser, como foi para Kevin Lynch, "um lugar romântico, rico em traços simbólicos [...], paisagem das nossas confusões"[11]. Qual é então o papel da memória? É sempre na identidade múltipla da paisagem que se pode encontrar uma resposta, pois ela é a expressão da sociedade que a construiu, o território é um palimpsesto[12]*O território está num palimpsesto, uma sucessão estratificada de camadas sobre as quais caminhamos todos os dias e que são o resultado da deslocação da ação natural e humana, de diferentes situações, de uma temporalidade complexa que amalgama histórias, identidades, culturas, emoções e sentimentos, ainda capazes de orientar futuras transformações. O traço é o sinal a partir do qual se começa a seguir a história

---

8 J. B. Jackson (1984), The world itself, em Rediscovering the vernacular landscape, Yale University Press.
9 M. Zardini (1996), Paesaggi ibridi. Un viaggio nella città contemporanea, Skira Architettura ed.
10 J. B. Jackson (1984), The world itself, em Rediscovering the vernacular landscape, Yale University Press.
11 K. Lynch (1975), L'immagine della città, Marsilio ed., Venezia, p.34
12 A. Corboz (1983), Il territorio come palinsesto, in "Casabella" n. 516.

das paisagens, preservando as ligações entre os traços culturais, arquitectónicos e a morfologia global do seu contexto, interpretando-o não como um regresso ao passado mas como uma série de possibilidades para o futuro. Esta tipologia, relativamente nova, de abordagem da paisagem urbana, tem a virtude de englobar os princípios da Convenção Europeia da Paisagem, assinada em 2000 em Florença, segundo a qual *"a paisagem designa uma determinada parte do território, tal como é percebida pelas populações, cuja natureza deriva da ação de factores naturais e/ou humanos e das suas inter-relações"*[13].

Qual é então a importância renovada dos *Miradouros* de Lisboa, se eles são apenas miradouros que oferecem pontos de observação extraordinários sobre a cidade? As palavras do historiador John Brinckerhoff Jackson e de outros colegas contemporâneos, ainda hoje são incrivelmente actuais quando se trata do papel destes espaços, que não nos oferecem apenas a experiência visual do nosso mundo quotidiano, que permanece fiel àquela definição ultrapassada de paisagem como *"uma porção da superfície da terra que pode ser compreendida num relance"*[14] O seu papel fundamental é o de serem espaços públicos, espaços que *"existem para assegurar a ordem, a segurança e a continuidade e para dar aos cidadãos um estatuto visível"*[15]. São estes espaços públicos que fazem com que *"uma comunidade seja uma comunidade e não apenas um agregado de indivíduos [...] um local de encontro das pessoas, humanizando-as pelo contacto mútuo, proporcionando-lhes um abrigo contra o tráfego aleatório e libertando-as da tensão da correria numa teia de ruas"*[16], nenhuma outra definição é mais adequada do que esta para descrever o que *os Miradouros* são para Lisboa e para os seus cidadãos.

---

13 Capítulo 1, artigo 1.º, letra 1 da Convenção Europeia da Paisagem.
14 J. B. Jackson (1984), The world itself, em Rediscovering the vernacular landscape, Yale University Press.
15 Ibid., pág.12.
16 Zucker P. (1970), Town and Square: From the Agora to the Village Green, edição em brochura.

Figura 11: *Miradouro* de Santa Catarina, pessoas a tomar o pequeno-almoço enquanto observam o nascer do sol. Lisboa, 2017.

Figura 12: Vista panorâmica a partir do *Miradouro* Sophia de Mello Breyner Andresen, Lisboa, 2017.

[16] Zucker P. (1970), Town and Square: From the Agora to the Village Green, edição em brochura.

3.1 O Eco-Museu, rumo a uma nova "museologia

Numa *abordagem paisagística*, a descoberta e a redescoberta da identidade local são as chaves fundamentais para gerar novos processos de reordenamento e revitalização do tecido urbano. Estes estímulos, essenciais para o relançamento territorial, cultural e turístico, estão totalmente encerrados na ideia de *Eco-Museu*, que é, portanto, um novo impulso, uma das respostas possíveis para territórios e redes de lugares revitalizados, neste caso particular, os espaços públicos. Os museus e os Eco-Museus, com modalidades diferentes, são guardiões do património artístico, ambiental, educativo e cultural num sentido mais amplo. Para compreender o nascimento e a evolução das instituições Eco-Museu, é necessário reconstruir, em pequenos passos, a história dos museus e as várias formas de museus que deles se originaram e que, ao longo do tempo, subverteram as tradições estabelecidas. O termo "museu" evoca frequentemente a ideia de uma instituição fechada, delegada à recolha, seleção e guarda de objectos salvos pela destruição, apresentados ao visitante de forma didática. Um lugar assim definido representou, tanto no passado como hoje, apenas uma das abordagens possíveis para a preservação de objectos que constituíam a cultura de um povo. Para tornar acessível a leitura dos signos, dos objectos, das memórias, as civilizações antigas celebravam ritos que se desenrolavam em teatros, santuários ou igrejas; as arquitecturas tornavam-se assim os contentores da transmissão de uma cultura que se tornava mais compreensível. Esta "museografia primitiva" descreve uma realidade mais efectiva, intimamente ligada à nossa sociedade (Basso Peressut, 1985).

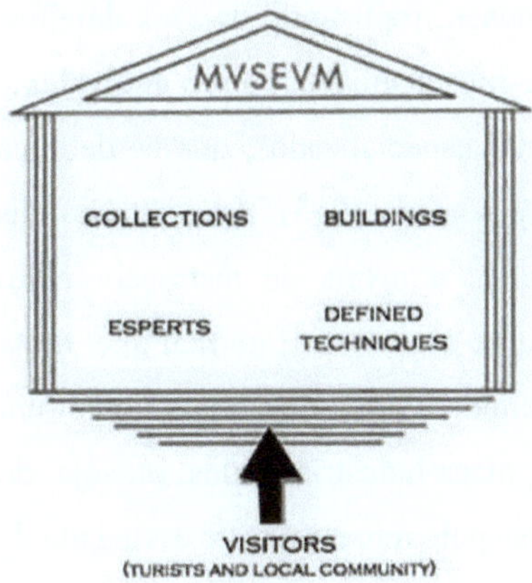

Figura 13: Representação gráfica do "museu tradicional" (Davis, 1999).

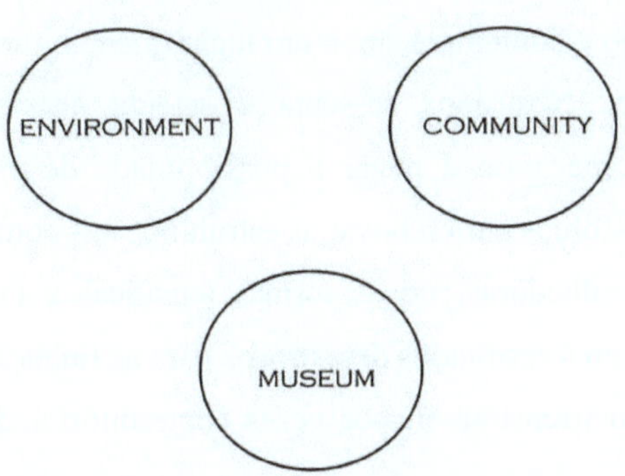

Figura 14: O caso mais extremo de "museu tradicional", longe do ambiente e da comunidade.

Ao lado dos grandes monumentos, a história de uma comunidade, da sua cultura e da sua transmissão é feita de textos, objectos, mas também de contextos e sistemas de lugares que ligam bens isolados através dos quais se lê o passado. O território, assim entendido, é o verdadeiro museu da história da natureza e dos homens, um "museu difuso" onde as obras são conservadas no local de origem e onde não há visitantes mas sim habitantes (De Varine, 1992). Esta conceção inovadora reflecte necessariamente sobre o estabelecimento museológico, a sua "crise" e o seu possível renascimento. Nas últimas décadas, a atenção à conservação cultural e ambiental levou à transformação de certos locais de interesse em parques naturais, reservas, eco-museus e muitas outras instituições que, por vezes, tendem a manter essa cultura da distinção entre "raro e comum", "natural e artificial", típica do templo-museu, replicando os seus defeitos. Considerado individualmente ou a nível nacional, o museu atual é, pois, o equivalente perfeito daquilo a que a universidade chama "curso especializado", que se debruça sobre temas isolados do seu contexto humano (De Varine, 1973). Ao contrário das Universidades, o museu procura pessoas de idades e níveis de instrução muito diferentes, a quem ministra um ensino completamente uniforme. É normal que, nesta altura, a instituição seja questionada e até rejeitada como um todo, como um instrumento representativo apenas da cultura dos países industrializados, ou seja, do consumismo. Todo o elemento cultural original passa pelo museu, onde é esvaziado da sua substância viva, para ser condicionado, etiquetado. A tradição museológica tem sido objeto de uma profunda revolução, sobretudo a partir da Segunda Guerra Mundial, passando de um mero lugar de preservação e contemplação, a um lugar que tem uma importante função educativa de massas. Nos anos sessenta e setenta, até os especialistas da indústria dos museus começaram a negar a possibilidade de um renascimento do "museu tradicional": os esforços para renovar as estruturas, tais como novas arquitecturas mais funcionais e acolhedoras, novas formas temáticas e um envolvimento didático diferente, conduziram a resultados desastrosos para as finanças desta antiga instituição e para o processo irreprimível, por vezes contraditório, do "comércio da cultura" (De Varine, 2005).

Os museus eram frequentemente acusados da falta de atenção dedicada às necessidades sociais e culturais do público: tendiam a "servir exclusivamente" um público privilegiado, evitando envolver a classe média no projeto educativo do museu. Esta reflexão permitiu desenvolver caminhos experimentais que viriam a subverter algumas das regras da tradição museológica. Um primeiro passo importante data de 1966, quando o colosso Smithsonian Institution lançou a ideia de

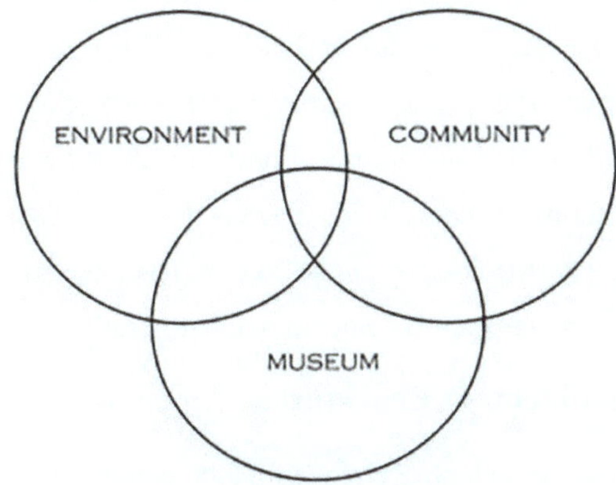

Figura 15: Pontos de ligação das novas formas museológicas.

um *Neighbourhood Museum* no bairro-gueto de Anacostia, na cidade de Washington D.C. Este museu foi considerado o resultado mais revolucionário de uma crise geral das profissões museológicas e da mesma instituição. A experiência entusiasmou a comunidade de Anacostia, nos subúrbios a leste da cidade: o teatro local, com a colaboração dos residentes, foi convertido no Anacostia

Museu da Comunidade, num espaço expositivo de objectos selecionados, exposições e performances que visavam reforçar a identidade da comunidade negra e "interpretar, preservar e estudar" o legado da cultura africana. Nesta experiência, a interação e o diálogo constante opuseram-se à preservação e exposição de obras que tradicionalmente eram elementos centrais do templo-museu. Após a realização de exposições sobre a cultura afro-americana, foi despertada a atenção local para um problema que há muito afligia a região, a chamada "Doença Convidada do Homem-Rato"; um processo que teve o mérito de sensibilizar e dar respostas médicas, científicas e sociológicas, sem qualquer demagogia política. Ao mesmo tempo, a agitação para esta "revolução" museológica não se limitava aos países "avançados", mas também aos países "em vias de desenvolvimento". No Brasil, a "museologia da libertação" promoveu uma maior consciencialização dos cidadãos através de uma interação contínua entre as pessoas e o património cultural. O conceito de "património cultural", ao longo de um século, sofreu revoluções significativas de significado: foi progressivamente enriquecido no sentido estético por significados sociais, como a inclusão de objectos da cultura popular na exposição tradicional do museu e, recentemente, a sobreposição de paradigmas ambientais, culturais e económicos que o ligaram mais estreitamente ao passado. O património cultural é, portanto, constituído por bens materiais e imateriais, lugares, ambientes, paisagens, línguas ou músicas e a sua interpretação. A identidade e o território tornam-se conceitos-chave da interpretação moderna do património cultural, no centro do pensamento do EcoMuseu.

3.2 Nascimento e definição de uma ideia: O Eco-Museu

A ideia do Eco-Museu tem origem em Georges Henri Riviere em 1936, com base no modelo dos museus escandinavos de folclore e dos museus ao ar livre, enquanto a primeira construção data das décadas de 1950 e 1960. Já em 1953, Georges Henri Riviere, na altura Diretor do Conselho Internacional de Museus, observava como os museus tradicionais de todos os tipos começavam a abrir-se a novas abordagens interdisciplinares, especialmente em França.

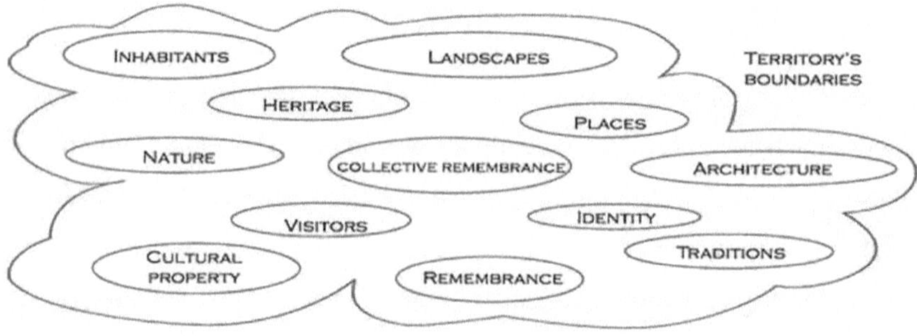

Figura 16: Representação gráfica de um Eco-Museu

A definição mais eficaz continua a ser a proposta pelo próprio De Varine, que refere as principais diferenças entre o museu tradicional e o Eco-Museu. Os Eco-Museus são *"instituições que gerem, estudam, exploram o património científico, educativo e cultural de uma determinada comunidade, abrangendo todo o ambiente natural e cultural da comunidade"* (De Varine, 1992). Na reflexão de De Varine, a "comunidade imediata" torna-se simultaneamente o objeto e o sujeito do projeto EcoMuseu: constitui um grupo heterogéneo que partilha "solidariedades herdadas e presentes". Este grupo encontra-se num contexto espacial definido e limitado como um bairro, uma aldeia, um distrito ou a própria cidade. O conjunto de elementos animados e inanimados, concretos e abstractos da comunidade são as forças motrizes para a criação do EcoMuseu (De Varine, 2005).

MUSEU	ECO-MUSEU
Coleção	Património
Estático	Território
Visitantes	Habitantes

Figura 17: Definição de Ecomuseu por Hugues De Varine (1971).

Assim, um museu tradicional expõe, segundo esta conceção, uma coleção, um Ecomuseu expõe e constrói o seu património; um museu é estático e imóvel, enquanto um Ecomuseu se insere no território; um museu é dedicado a um público passivo, um Ecomuseu a uma população ativa. Depois de definir o papel fundamental da comunidade, os recursos oferecidos pelo património cultural tornar-se-ão o material da atividade do Eco-Museu. De Varine propõe um recenseamento do património comunitário envolvendo, evidentemente, a própria comunidade: em função da utilização do bem cultural identificado, este será inserido no mesmo museu de diferentes formas. Se, por exemplo, um bem tem um significado relacionado com a sensibilidade de uma comunidade ou de um indivíduo que lhe reconhece valor, não pode ser descontestualizado mas mantido no local. Em vez disso, um bem que perdeu significado para a comunidade será "musealizável". O património cultural pode pertencer a vários tipos de bens, móveis ou imóveis, materiais ou imateriais, paisagens, bosques, quintas, casas e mobiliário, uma dança ou elementos do folclore, usos ou tecnologias agrícolas. No âmbito do património cultural, De Varine atribui um papel especial ao "património humano", composto pelos actores locais que são os guardiões da consciência e da memória da comunidade, mas também pela técnica e pelo conhecimento que constituem a parte mais viva da comunidade. Os Eco-Museus são "instituições que gerem, estudam, exploram para fins científicos, educativos e culturais o património de uma comunidade que inclui todo o ambiente natural e cultural da própria comunidade" (De Varine, 1992). Uma "musealização" ativa levada a cabo por uma determinada sociedade, que interpreta o território como um instrumento de conhecimento e partilha, assumindo assim toda a responsabilidade pelo desenvolvimento local. Os objectivos primordiais do Ecomuseu são, portanto, criar uma imagem do território, refletir uma população e contribuir para um desenvolvimento local contínuo e duradouro (De Varine, 2003).

O Eco-Museu é um instrumento privilegiado de desenvolvimento comunitário, é a comunidade vista e assumida de um determinado ângulo aberto ao futuro. No entanto, não descura o papel do museu tradicional que, com a sua coleção, investigação, conservação e exposição, pode desempenhar um papel importante no próprio Ecomuseu, embora deva ser considerado num plano diferente em que o homem é um visitante e não um visitante-ator. O museu clássico e o Eco-Museu destacam-se pelas funções imediatas: o primeiro pela conservação para deleite comum, enquanto o EcoMuseu consome na perspetiva do desenvolvimento humano, ambiental e económico da comunidade. A intenção dos fundadores, no entanto, não foi criar um modelo de museu exemplar em todo o mundo, mas sim responder a necessidades locais que surgiram espontaneamente da sociedade civil, mantendo assim uma margem de liberdade na interpretação de conceitos como a reprodução de formas livres de expressão também na valorização do património. Trata-se, portanto, de evitar a sobrevalorização dos modelos e de adotar soluções escolhidas caso a caso, reflectindo como os museus podem ser um instrumento e não um ornamento, uma ferramenta de memória ao serviço da sociedade e do seu desenvolvimento. Se os Ecomuseus são museus do território, é óbvio que cada um responderá às caraterísticas do seu património cultural e cada comunidade utilizará a sua própria linguagem para contar a sua história e as suas tradições. Esta é a força e, ao mesmo tempo, o limite deste tipo de organização: um Ecomuseu consegue reunir, juntar e tornar a população mais ativa no desenvolvimento e na conservação do seu ambiente, permitindo a valorização de todo um território, combinando, em teoria, o património cultural com o património económico e social. Este instrumento de valorização, no entanto, mostra por vezes as lacunas da sua vontade democrática ideal, muitas vezes interpretada pelas administrações públicas, que o adoptam como uma forma de museu sem conhecer as suas caraterísticas e, portanto, sem aproveitar as suas potencialidades.

3.3 Eco-Museus em Portugal

Portugal, hoje, apresenta alguns dos aspectos mais inovadores no domínio dos Eco-Museus. Desde a "Revolução dos Cravos", floresceram neste País muitas actividades e propostas culturais visando um "regresso ao local". Os efeitos benéficos do restabelecimento da democracia também afectaram a gestão da cultura e, em particular, dos museus locais, que acrescentaram alguns aspectos interessantes à museologia tradicional. As instituições ecomuseus foram acolhidas com entusiasmo por muitos políticos. Em tempos de crise, muitos "museus locais" procuraram redescobrir a sua própria cultura, ofuscada durante mais de meio século durante a ditadura, concentrando-se nos recursos locais como a "economia da cultura", o turismo e a esfera do lazer. As comunidades e os territórios que seguem estes princípios continuaram a ser identificados como *Museus Municipais*, mesmo que em expansão espontânea. A organização de alguns

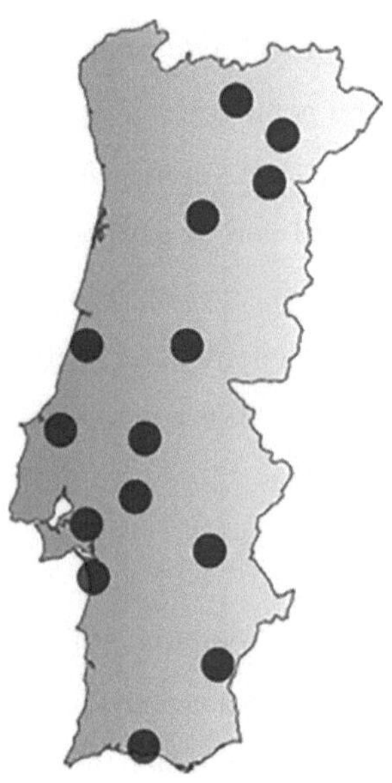

Figura 18: Eco-Museus em Portugal, 2017.

Os "novos museus" portugueses ligados aos seus municípios seguem caraterísticas específicas: um edifício central que acolhe exposições permanentes e destacamentos que respondem a actividades de receção, refrescamento, documentação e educação. A intenção não é apenas descentralizar as actividades, mas levar a comunidade a reutilizar o território e as suas estruturas artificiais. A participação e o envolvimento da comunidade local é particularmente forte em Portugal: as pessoas, em muitos casos, doaram espontaneamente objectos, experiências e histórias para o interior do museu, enriquecendo e completando a sua própria história. A primeira proposta de Eco-Museu em Portugal data de 1978, seguindo a "filosofia ecológica" do Parque Natural da Serra da Estrela, uma zona montanhosa no coração de Portugal. Os primeiros Ecomuseus portugueses nasceram com especial incidência na vida agrícola ou em zonas atravessadas por cursos de água (Pessoa, 1978). Com a supervisão de George Henri Rivière[17] e de um grupo de investigadores, foram recolhidos materiais etnográficos, informações; infelizmente, a falta de colaboração com as altas instituições locais

---

17 Georges-Henri Rivière (1897-1985) foi um museólogo francês e inovador das práticas modernas da museologia etnográfica francesa.

determinou o fracasso desta primeira experiência.

Os Eco-Museus portugueses, nascidos de projectos de desenvolvimento local, visam redescobrir a cultura local: podem ser uma resposta criativa a tempos de crise social e económica. Entre os exemplos mais bem sucedidos, não se pode deixar de citar o do Eco-Museu do Barroso, uma região com caraterísticas naturais e paisagísticas particulares, no norte de Portugal, é um projeto corajoso numa região bastante pequena, cerca de mil quilómetros quadrados, com uma população total de cerca de 25.000 habitantes (De Varine, 2005). Esta região, como muitos países do sul da Europa, sofreu grandes mudanças que transformaram o território durante o século XX: nos anos 60, o forte movimento de emigração, por exemplo, levou ao esvaziamento de muitas aldeias e ao abandono de muitas práticas tradicionais de vida. Apesar do desenvolvimento do sector terciário, em particular do turismo, as actividades pastoris e agrícolas mantêm-se. Um elemento peculiar da comunidade do Barroso é precisamente a partilha total de aspectos da "produção tradicional": a comunidade tem campos, moinhos, canais de irrigação e animais comuns, o que poderia, no passado, ser representado pelos common fields britânicos ou pelas "comunas medievais". Este aspeto chama a atenção e surpreende os estudiosos e os visitantes comuns. Um evento que atrai muitos turistas na microrregião é o chamado "O Boi do Povo", que consiste num desfile de bois, representando a coragem e o valor, bem como o orgulho de cada aldeia. A marca de qualidade, talvez única e irrepetível na Europa, que distingue este Ecomuseu está sobretudo na sustentabilidade que reproduz socialmente através de uma ampla partilha do património e da sua reutilização. O sistema do Ecomuseu do Barroso, para além do núcleo central localizado em Montalegre, deverá criar "antenas" que liguem o território e alguns sítios ou monumentos particulares, hoje inexistentes ou quase inexistentes (De Varine, 2005).

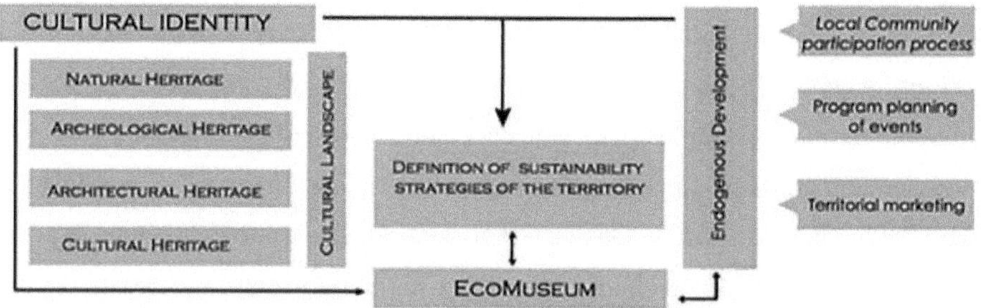

Figura 19: Funcionamento de um Eco-Museu segundo H. De Varine.

Figura 20: Elementos das paisagens culturais de Lisboa

4. Eco-Museu "Olha Lisboa": a elaboração do projeto

Os *Miradouros* de Lisboa são uma das primeiras particularidades que os turistas são aconselhados a visitar quando chegam a Lisboa; O município de Lisboa disponibiliza no seu site uma lista[18] dos miradouros mais bem conservados do centro da cidade, sob a voz "animação e lazer". Estes espaços, de facto, continuam a constituir, ainda hoje, uma importante rede de espaços públicos onde a comunidade se reúne ao final da tarde, depois do trabalho, para apreciar o pôr do sol e encontrar os seus vizinhos. Apesar da difícil crise económica que assolou Portugal na última década, *os Miradouros* não perderam o seu significado, mas sim, nesta fase de grande crescimento cultural e económico que Lisboa vive hoje, suscitaram uma espécie de efeito *de gentrificação* nas zonas mais centrais e turísticas da cidade, onde os imóveis próximos sofreram um aumento significativo dos preços de venda.

"O ambiente de referência de um Ecomuseu é o território no seu conjunto, a estrutura museológica é constituída por um número ilimitado de sítios ou "antenas de Ecomuseu", que são os pontos de observação ou de leitura da paisagem com ou sem painéis explicativos; de itinerários e percursos pedestres e cicláveis; locais de atividade, de exposição, de interpretação, de documentos, de papéis e de publicações que têm como tema o território em todas as suas formas" (De Varine, 2005).

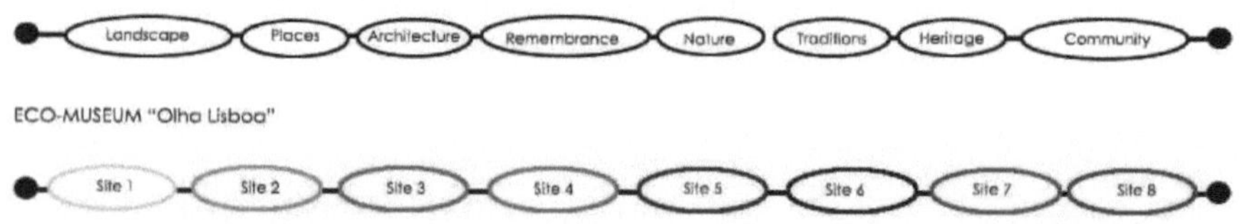

Os *Miradouros* de Lisboa no centro histórico são os mais conhecidos, enquanto que, curiosamente, a zona mais turística da Capital, a zona ocidental da cidade, triunfo da arquitetura *pombalina*, esconde aos visitantes um incrível e raramente visitado património naturalista e monumental, recheado dos mais fascinantes *Miradouros*, por vezes desconhecidos da mesma população, e não listados em fontes oficiais, mas muito

---

18 http://www.cm-lisboa.pt/visitar/lazer-entretenimento/miradouros

citados em muitos blogues. A posição geográfica de muitos destes miradouros revela uma estrutura organizativa e conectiva, nuns casos mais visível e noutros menos, capaz de, com esforços de consolidação e requalificação, revitalizar uma estrutura urbana fortemente fragmentada e que, ao longo do tempo, tem vindo a sofrer rupturas na sua configuração e legibilidade.

Por estas razões a investigação incidiu sobre a zona ocidental da cidade, tomando como ambiente de referência o território como um todo, uma vez que os Ecomuseus, de diferentes formas, são guardiões do património artístico, ambiental, educativo e cultural no sentido mais lato. O objetivo do projeto do *Eco-Museu "Olha Lisboa"*, é religar, através de percursos temáticos, a rede de património cultural e natural da zona ocidental de Lisboa, utilizando os *Miradouros* como Observatórios da Paisagem para compreender a história e a identidade dos lugares, e proporcionando uma estratégia de intervenção para reabilitar o tecido urbano negligenciado através de intervenções de requalificação e restauro, envolvendo as comunidades locais.

Figura 21: Os principais *Miradouros* de Lisboa e os oito sítios da zona ocidental da cidade escolhidos como antenas do Eco-Museu.

A estrutura do *Ecomuseu "Olha Lisboa"* é constituída por oito antenas do Ecomuseu, locais caracterizados pela presença de *Miradouros*, pontos privilegiados de observação e leitura da paisagem, situados na zona ocidental da cidade; A área delimitada pelos oito locais inclui parques, um rico património histórico, com um grande interesse paisagístico e natural, contando com a presença de várias colecções botânicas. De forma a desenvolver uma proposta viável e sustentável de valorização do património histórico-paisagístico, inserido nos sítios do Eco-Museu, foi necessário efetuar uma análise aprofundada das caraterísticas do território envolvido.

4.1 Definição do espaço do Ecomuseu

O *Eco-Museu "Olha Lisboa"* tem como objetivo criar uma rede de valorização dos Miradouros localizados na zona ocidental de Lisboa, mais concretamente nos bairros ou *freguesias* semi-urbanas[19]denominados: Santa Maria de Belém, São Francisco Xavier, **Alcântara, Ajuda, Prazeres.**

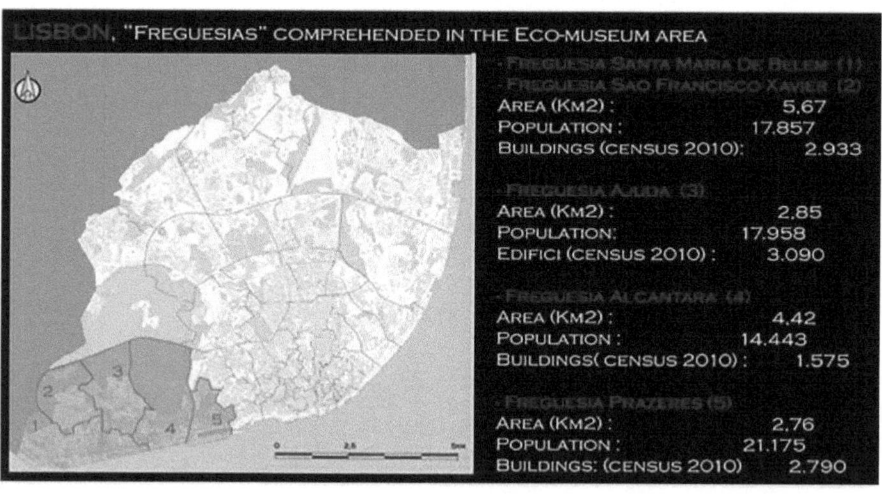

---

19 Uma *freguesia* é uma unidade administrativa secundária de Portugal; *as freguesias* urbanas são as que têm uma densidade superior a 500 ab / **km2**, ou uma população superior a 5.000 habitantes, enquanto *as freguesias* semi-urbanas são as que têm uma densidade superior a 100 ab / km2 e inferior ou igual a 500 ab / km2; uma população residente superior a 2.000 habitantes e inferior a 5.000 habitantes.

1. A *freguesia* de Santa Maria de Belém e (2) A *freguesia* de São Francisco Xavier

A *freguesia* de Santa Maria de Belém, compreende a área da praia do Restelo até ao Mosteiro dos Jerónimos. O primeiro crescimento deve-se às ordens religiosas estabelecidas (Jerónimos e Dominicanos Irlandeses), enquanto a segunda fase se deveu ao aumento da população após o terramoto de 1755; o êxodo de muitas famílias da antiga vila para esta zona levou à criação da *freguesia de* São Francisco Xavier, composta por um núcleo formado por quintas, que caracterizou a paisagem até ao século XX. A partir da década de 1940, as duas *freguesias* urbanizaram-se, sem abafar os espaços verdes. Os monumentos de Belém (Mosteiro dos Jerónimos e Torre de Belém, ambos Património Mundial) e as novas ofertas culturais (Centro Cultural de Belém) contrastam com a ruralidade ancestral reconstruída do bairro de São Francisco Xavier (Quinta de Santo António, hoje um condomínio, e a Quinta de São José, hoje um colégio).

3. A *freguesia* da Ajuda

A *freguesia* da Ajuda é um dos bairros mais antigos da cidade; apesar de o território ter sofrido vários desmembramentos, ao longo do tempo, mantém uma forte identidade territorial. As duas grandes fases de crescimento ocorrem nos séculos XVIII e XX, e traduzem-se em dois núcleos de desenvolvimento territorial distintos: o mais antigo, ao longo da *Calçada da Ajuda* e da zona envolvente do *Palácio Nacional da Ajuda*, uma zona muito rica em património histórico, com edifícios de estilo pombalino e oitocentista; e o mais recente, os bairros do século XX, modernos mas de uso popular. Os vários bairros sociais, funcionando como pequenas comunidades de vizinhos, nos casos mais virtuosos, aproveitam o espaço não edificado que resta no território, ou melhor, os vazios da zona, para criar hortas comunitárias.

4. A *freguesia* de Alcântara

O topónimo *Alcântara* é atribuído a este território a partir da ponte que o atravessava no passado, a partir da qual a *freguesia* iniciou o seu desenvolvimento. O topónimo

Alcântara foi atribuído a este território antes da conquista muçulmana, quando constituía uma parte estratégica da rede viária romana, ligando esta zona ao *Oppidum* de *Olisipo* (nome de Lisboa na época romana). A sua importância deveu-se tanto à posição estratégica deste território, face ao estuário marinho existente, como à presença de minas de cal e fornos no mesmo Vale de Alcântara, sem contar com as casas de lavoura e os núcleos conventuais com as suas capelas, sempre construídos junto ao Convento, funcionando como pólos agregadores das residências circundantes.

Na segunda metade do século XVII, Alcântara assistiu a um crescente processo de industrialização através da instalação de várias fábricas. A zona ribeirinha de Alcântara era constituída por uma sucessão de pequenas praias, separadas por pequenas colinas, onde se localizavam oficinas de reparação. Na década de 60 do século XX, a construção da ponte "25 de abril" teve uma influência considerável neste território. A sua construção implicou a demolição significativa de muitos edifícios, fábricas, e mesmo de parte da *Tapada da Ajuda*[20]alterando assim o perfil do Vale. Alcântara volta hoje a ser o ponto de partida e de chegada entre as margens do rio.

5. A *freguesia* dos Prazeres

Criada em 7 de fevereiro de 1959, a freguesia dos Prazeres é um centro de confluência histórica de elevado valor social, político e cultural. Com uma área de 1,48 km^2 , tem sido particularmente importante desde o século XVIII para assistir às grandes evoluções da cidade, sendo palco de vários acontecimentos importantes na História de Portugal desde a decisão de D. João V de construir um imponente conjunto arquitetónico no local onde se erguia a ermida de *Nossa Senhora das Necessidades*[21] , que viria a ser Residência Real com D. Maria II. O edifício é atualmente ocupado pelo Hospital Militar Principal. Devido ao seu carácter bucólico, aprazível e sedutor, a zona foi sendo ampliada com palácios e conventos. O seu nome provém de uma das inúmeras quintas que aqui existiam, chamada dos Prazeres, cujo nome ficou na denominação da freguesia.

---

20 Ver pág. 38;
21 Ver pág. 39;

4.2 Definição das antenas do Ecomuseu

A. "Parque "Ducla Soares

Situado na *freguesia* de Belém, na colina de São Jerónimo, numa zona de grande valor histórico, onde se encontram os mais importantes monumentos nacionais representativos da época dos Descobrimentos: Ermida de São Jerónimo (1514), Torre de Belém e Mosteiro dos Jerónimos, outrora incluído na Muralha dos Jerónimos que ocupava uma parte significativa do bairro. O jardim está virado para o rio Tejo, iluminado pelo forte reflexo da luz solar no rio Tejo durante todo o ano.

Figura 22: Vista Sul do Parque "Ducla Soares"; A Ermida de São Jerónimo; O eixo de ligação da Ermida à Torre de Belém criado pelo Arquiteto Paisagista Gonçalo Ribeiro Telles.

B. Parque dos Moinhos de Santana

O Parque foi criado para preservar a memória dos dois moinhos de vento que forneciam farinha aos lisboetas. São dois símbolos da paisagem rural da *Estremadura* (antiga região natural de Portugal), agora recuperados com as suas caraterísticas originais. Os moinhos de vento são os elementos caraterísticos do Parque, que, para além de ser um

37

Miradouro, se expande na colina abaixo deles com um grande prado com lago.

Figura 23: Um dos moinhos de vento restaurados do parque, o lago e o prado na colina por baixo dos moinhos de vento.

C. Jardim Botânico da Ajuda

O Jardim Botânico mais antigo de Portugal e um dos mais antigos da Europa. Com vista para o rio Tejo, situado na encosta do Palácio Nacional da Ajuda, este jardim panorâmico tem mais de 230 anos de história, sendo algumas das suas árvores verdadeiros monumentos naturais. O Jardim Botânico é gerido pelo I.S.A., *Instituto Superior de Agronomia*, com sede na Tapada da Ajuda.

Figura 24: Vistas do Jardim Botânico da Ajuda e do miradouro da ponte "25 de abrilᵗʰ " que atravessa o rio Tejo.

D. Miradouro de "Montes Claros

Também designado por Jardim de Montes Claros, é um espaço verde associado à arquitetura de um edifício que alberga um restaurante. Trata-se de um grande terraço verde, no topo de uma das colinas mais altas de Lisboa, com um lago central povoado por gansos, e espaços em forma de dobradiça nas laterais que oferecem vistas espectaculares para Sul, Este e Norte da área metropolitana de Lisboa.

Figura 25: O lago central no final do jardim, os passeios e a fonte no terraço.

E. Miradouro do Moinho de Vento de Penedo

O Moinho de Vento do Penedo foi o último dos 75 moinhos que existiam na zona de Monsanto, a deixar de funcionar em 1925. A zona acolhe agora um Parque Desportivo, situado no pulmão verde da cidade, o Parque de Monsanto. A entrada para o complexo desportivo é o *Miradouro* do Penedo, por baixo do qual se encontra um anfiteatro verde, que oferece vistas panorâmicas espectaculares sobre a *Tapada da Ajuda*, o rio Tejo, a ponte "25 de abril" e o monumento ao *Cristo Rei*, situado na península de Setúbal.

Figura 26: O moinho de vento de Penedo à entrada do parque desportivo, o campo de basquetebol, o anfiteatro virado para o rio Tejo.

F. Miradouro "Keil do Amaral

Ligado ao circuito desportivo de Monsanto, este jardim tem o nome do arquiteto que o construiu e é formado por um jardim, escondido na densa mata de Monsanto, com um tanque de água central ligado por escadas de pedra a uma "plataforma" panorâmica. Um panorama de três níveis constitui o verdadeiro *Miradouro*, com vista para o anfiteatro verde e para o rio Tejo e o Palácio Nacional da Ajuda.

Figura 27: O terraço de três níveis virado para o rio Tejo; A fonte central do jardim superior; O caminho que chega ao *miradouro*, atravessando a mata do parque de Monsanto.

G. "Tapada da Ajuda" - Miradouro de Salazar

A *Tapada da Ajuda* compreende mais de 100 hectares de terreno, albergando a sede do I.S.A., Instituto Superior de Agronomia, Faculdade da Universidade Técnica de Lisboa. O terreno é composto por florestas, campos agrícolas, pomares, vinhas, edifícios de interesse histórico e muitas zonas de interesse como a Reserva Natural Botânica "P. Coutinho", cuja entrada se situa a seguir ao *Miradouro* de Salazar (1937); um terraço panorâmico coberto de *Azulejos*, construído sobre um tanque de água, situado no ponto mais alto da cidade.

Figura 28: O "anfiteatro de pedra"; Um dos edifícios da Universidade; O Miradouro de Salazar.

H. "Tapada das Necessidades" - Miradouro "Olavo Bilac"

A Tapada das Necessidades localizava-se originalmente no interior do perímetro das antigas muralhas do Convento; é atualmente povoada por uma densa floresta, através da qual se avistam curtas vistas sobre o rio Tejo. Os caminhos dissipam-se entre lagoas, edifícios históricos e a exuberância da vegetação que os envolve. À entrada do complexo localiza-se o *Miradouro Olavo Bilac*, um jardim com um terraço no topo, virado para o Palácio Nacional da Ajuda e que oferece uma vista espetacular sobre o rio Tejo.

Figura 29: A estufa de vidro; uma vista dos jardins, o terraço "Olavo Bilac"; a vista do rio Tejo e a ponte "25 de abril[th] ".

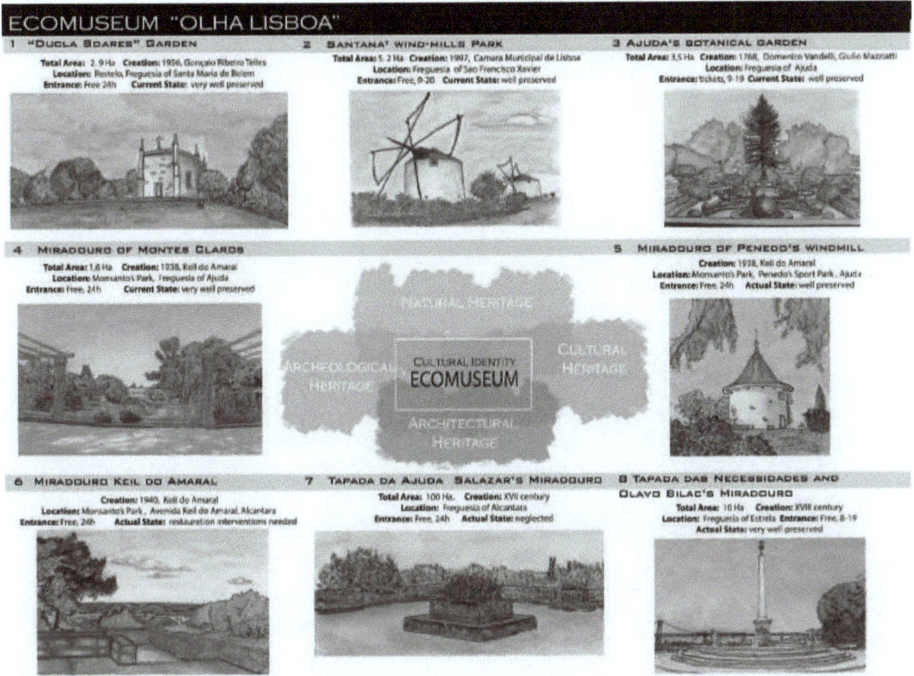

Figura 30: Conceito do projeto do Eco-Museu "Olha Lisboa"; Informações básicas sobre as suas antenas.

4.2 Análise das caraterísticas biofísicas e geológicas de Lisboa

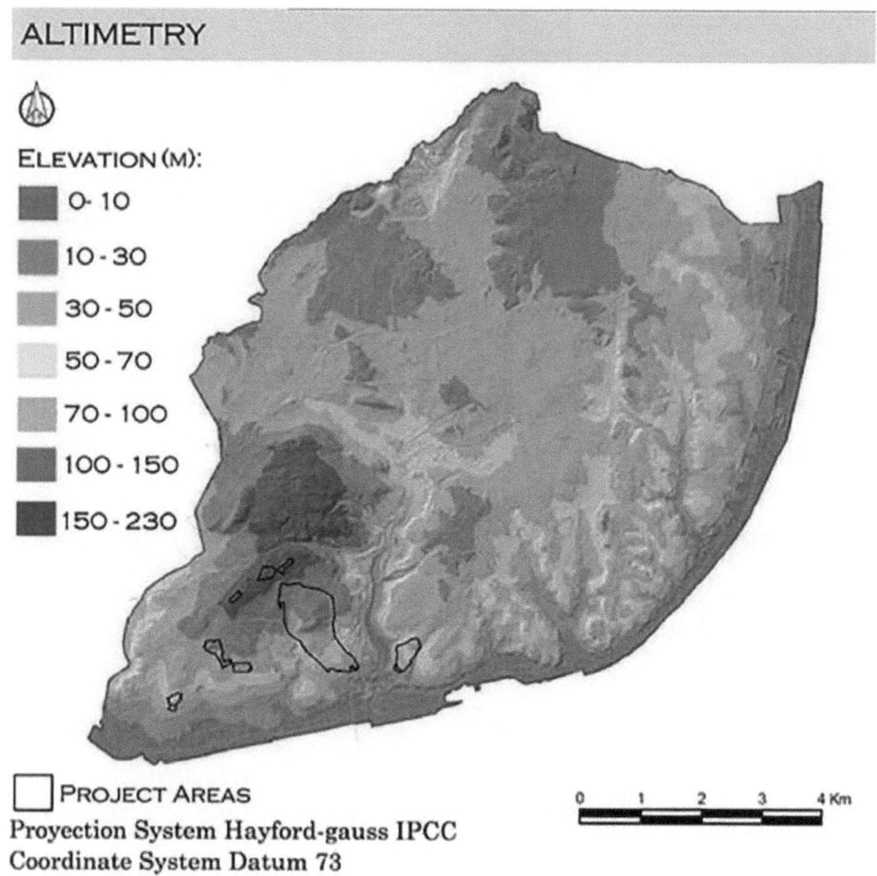

Figura 31: Representação em SIG da altimetria da área municipal de Lisboa; Fonte de dados: CML/DPC/GAR (2007)

A altimetria do território de Lisboa está intimamente associada à proximidade do rio Tejo; a cota mais baixa corresponde aos afluentes do rio Tejo e estão intimamente associados à presença, circulação e acumulação de água. A zona litoral e os vales interiores são constituídos por altitudes inferiores a 30m e encostas que atingem uma cota aproximada de 70m. A Área Central da Serra de Monsanto, pertencente ao complexo vulcânico de Lisboa, é o ponto dominante da Paisagem; atinge mais de 150m, sendo as restantes áreas predominantemente situadas no intervalo de 70 a 100m.

A zona Norte de Lisboa apresenta altitudes que se elevam a uma amplitude semelhante à da Serra de Monsanto; as áreas planas são caraterísticas dominantes.

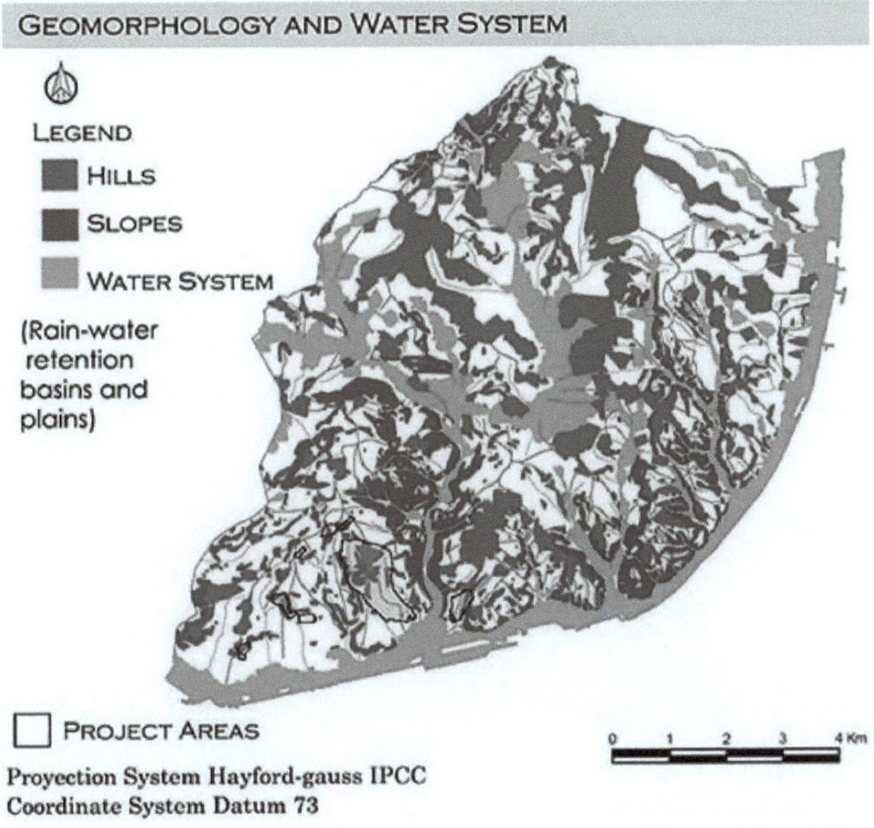

Figure 32:   Geomorfologia e sistema hídrico do concelho de Lisboa; Fonte de dados: CML (2008).

O território apresenta áreas significativas de declives amplos na zona central e nas restantes áreas com relevo moderado, resultando numa malha mais aberta de cursos de água e zonas planas. As encostas são caracterizadas por declives descendentes superiores a 25%. No vale oriental oriental definem-se as colinas, com acentuações relativamente elevadas e variadas, distribuídas irregularmente ao longo da costa. Enquanto nos vales a Oeste se localiza a Mata de Monsanto, limitada a Oeste pelo "Vale da Ribeira de Alcântara", que forma o complexo vulcânico de Lisboa, é o ponto dominante da Paisagem. O vale Norte é dominado por áreas planas, com a presença de planícies aluvionares. O Sistema Hídrico integra as zonas correspondentes às ribeiras e às bacias receptoras de águas pluviais que correspondem a zonas planas ou côncavas onde se acumula água e ar frio. No caso de Lisboa, a classe de declive utilizada para distinguir as planícies é de 0-5% de declive.

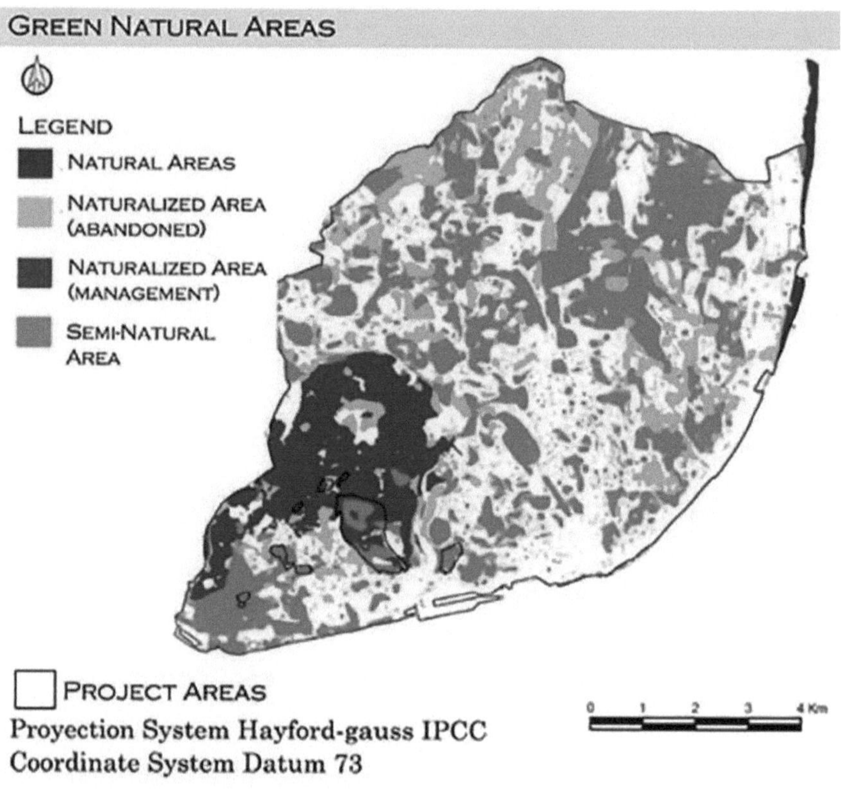

Figure 33:   Áreas verdes naturais no território municipal de Lisboa; Fonte de dados: CML (2006).

Não existem áreas naturais na cidade de Lisboa, uma vez que todo o território foi fortemente alterado pela antropização, acentuando-se em dois sapais, que estão no entanto fora dos limites do território municipal. Existem, no entanto, grandes áreas ruderais com origem em antigos terrenos agrícolas atualmente abandonados, bem como bosques e carvalhais que se podem considerar naturalizados pelo abandono. O Parque Florestal de Monsanto e a *Tapada da Ajuda* são áreas de gestão naturalizada, onde os processos de fito-sucessão permitiram o crescimento natural da vegetação, mas derivada de núcleos totalmente integrados pelo Homem. Cerca de 1.512,5 ha correspondem a espaços verdes, jardins, hortas, espaços abertos permeáveis e, sobretudo, a todos os espaços verdes com forte intervenção antrópica. As áreas selecionadas como antenas do projeto constituem uma parte relevante do património natural do território. A política portuguesa de ordenamento do território assenta num sistema hierárquico de gestão territorial que opera a diferentes níveis espaciais. A nível regional, o ordenamento do território é coordenado pela Comissão de Coordenação e Desenvolvimento Regional de Lisboa e Vale do Tejo (CCDR-LVT), que é responsável pelo Plano Regional de Ordenamento do Território da Área Metropolitana de Lisboa (PROT-AML). Ao nível da cidade, o instrumento mais importante é o Plano Diretor Municipal (PDM), que estabelece a estratégia de desenvolvimento territorial, bem como a política municipal de ordenamento do território e urbanismo. Nos últimos anos, Lisboa tem vindo a passar por um processo de regeneração económica, social e ambiental da cidade. Neste contexto, tem-se registado um aumento do número de instrumentos relacionados com o ordenamento do território e os espaços verdes urbanos, com enfoque na biodiversidade, conetividade e bem-estar humano (Santos A., Branquinho C., et al., 2015).

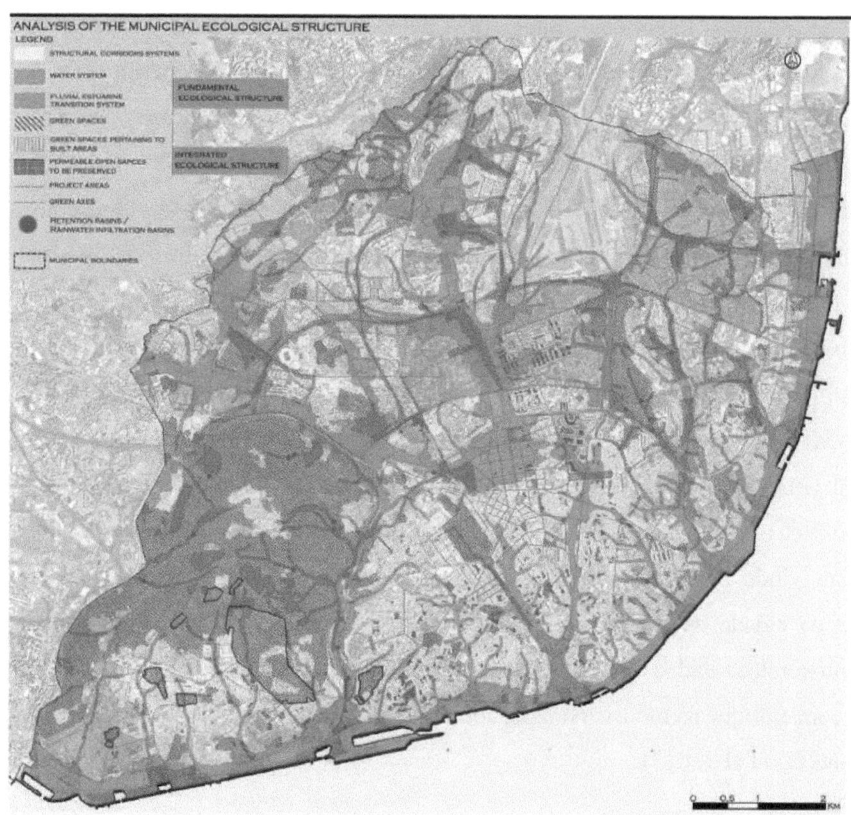

Figura 34: Análise da Estrutura Ecológica Municipal de Lisboa; Extrato do Plano Municipal de Lisboa 2012.

A estrutura ecológica do território municipal de Lisboa divide-se em *Estrutura Ecológica Fundamental* e *Estrutura Ecológica Integrada*. A primeira, é o fator determinante para a sustentabilidade da área municipal e metropolitana, constitui um suporte biofísico identificador e de salvaguarda, articulando: Património Paisagístico, Património Geológico, Património do Sistema de Vistas, e é complementar a uma rede de mobilidade "suave" (ciclovias e percursos pedonais) que estabelece relações de continuidade territorial. Define uma estratégia de valorização e salvaguarda dos sistemas naturais fundamentais que, em articulação com a rede ecológica à escala metropolitana, estabelece a matriz de: Sistema Húmido, Sistema de Transição Fluvial Rivierino e Sistema de Corredores Estruturais. Este último compreende os espaços livres que integram a Estrutura Ecológica Municipal e as suas caraterísticas naturais,

46

culturais, paisagísticas e urbanas, que devem ser preservadas e valorizadas para assegurar um conjunto de funções ecológicas no meio urbano. Reconhece a utilização da articulação terrestre entre os Sistemas Naturais e Culturais e regulamenta a sua gestão numa perspetiva sustentável e integrada, nomeadamente: Eixos Verdes, Áreas Verdes pertencentes a Áreas Edificadas, Espaços Verdes. De 1986 (ano de entrada na UE) a 2005, Lisboa viveu um período de boom de construção alimentado por financiamentos europeus e fortes investimentos estrangeiros, resultando numa elevada densificação do tecido urbano. No entanto, entre 1980 e 2001, Lisboa perdeu um terço dos seus residentes, sofreu rupturas de coesão social e territorial e passou por uma grave transformação económica, pondo em risco a sustentabilidade financeira do município. A partir de 2005, a atividade imobiliária entrou em declínio e o turismo é hoje o sector de atividade económica mais importante da cidade. Para resolver estes problemas, o município está a seguir uma estratégia de regeneração urbana, promovendo mecanismos para a reabilitação de edifícios devolutos e para a melhoria qualitativa dos espaços públicos, em particular reforçando os espaços verdes e a sua conetividade. Estes mecanismos incluem a facilitação de processos de licenciamento, programas de financiamento, incentivos fiscais e a promoção de parcerias público-privadas com empresas de construção, bancos e gabinetes de engenharia civil e arquitetura (Green Surge, 2015). Lisboa tem hoje diferentes parcerias para acções científicas, económicas e de gestão específicas que visam a proteção e valorização dos espaços verdes; Por exemplo, existem muitos protocolos de investigação assinados entre o Município de Lisboa e várias universidades para Arquitetura Paisagista, Planeamento do Uso do Solo, alterações climáticas, biodiversidade e ecologia, e também parcerias com empresas privadas para patrocinar e financiar vários projectos relacionados com espaços verdes. A Câmara Municipal de Lisboa estabeleceu a Estratégia de Lisboa para 2010-2024, que identificou três objectivos principais para a cidade: Em primeiro lugar, a reabilitação de edifícios devolutos e de bairros e espaços verdes degradados, para inverter o processo de despovoamento; em segundo lugar, a adaptação às alterações climáticas, centrada nos desafios das alterações climáticas e nas consequentes vulnerabilidades naturais (tais como O último objetivo, mas não menos importante, é a conetividade dos espaços verdes, que consiste basicamente na implementação de redes de espaços verdes e corredores para actividades recreativas e proteção, valorização e promoção da biodiversidade e das paisagens naturais e culturais. O projeto do *Eco-Museu "Olha Lisboa"* pode ser perfeitamente enquadrado neste último âmbito.

4.3 Análise do património multicultural das antenas do Eco-Museu

Figura 35: Análise dos usos do solo nas áreas do projeto

As antenas do Eco-Museu, ou áreas de projeto, incluem uma rica presença de património vegetal e colecções botânicas de grande valor histórico. De particular importância para a biodiversidade são de citar o Jardim Botânico da Ajuda (3) que, em 1993, recebeu o Prémio Europeu de Conservação do Património, confiando a sua gestão ao Instituto Superior de Agronomia (I.S.A.); e a zona central da *Tapada da Ajuda*, onde existe uma faixa calcária que permitiu a proliferação de vegetação natural de flora mediterrânica, descoberta em 1923 e que se tem mantido até hoje, constituindo uma das principais reservas naturais de Portugal com uma área de 4,4 hectares. Em 1951, data de comemoração do centenário do nascimento do Professor António Xavier Pereira Coutinho, foi atribuído, pelo Conselho de Professores do *Instituto Superior de Agronomia*, o nome do ilustre botânico a esta reserva natural botânica, como reconhecimento do seu enorme contributo para a conservação e estudo desta área. A vegetação que se desenvolveu é dominada pelos Zambujeiros (*Olea europaea var. Sylvestris*), tanto no que diz respeito ao estrato arbustivo como lenhoso, acompanhados por *Phillyrea latifolia, Rhamnus alaternus, Pistacia lentiscus, Retama sphaerocarpa, Lonicera etrusca, Spartium junceum, Ruscus aculeatus* e *Asparagus spp*, e outras espécies. O *Miradouro* de Montes Claros, o Moinho de Vento do Penedo e o Keil do Amaral, situam-se no *Parque Florestal de Monsanto*, outrora denominado *Monte Sagrado*, é um testemunho arqueológico do Neolítico e do Paleolítico.

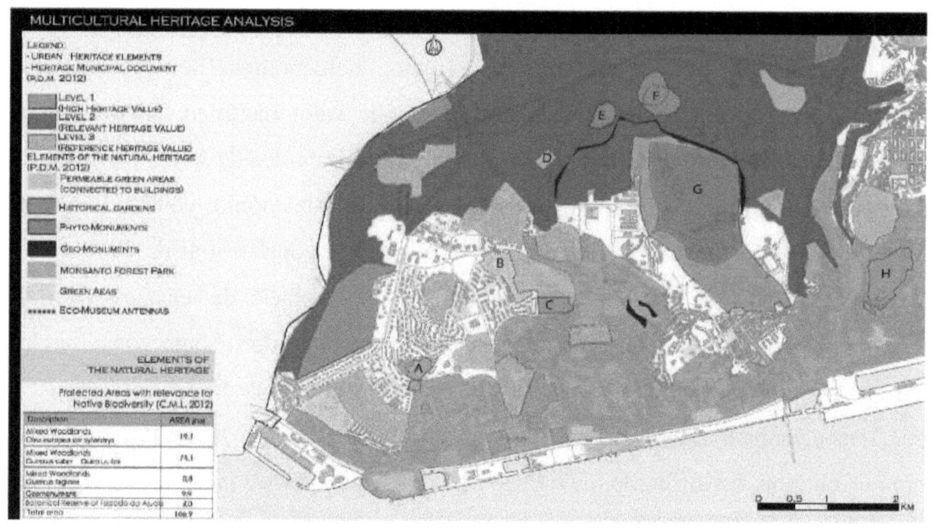

Figura 36: Análise dos elementos do Património Urbano dos bairros envolvidos no projeto Eco-Museu.

Um Parque "Ducla Soares

Também conhecido como jardim "Ducla Soares", situa-se na encosta do *Restelo*, virado para o rio Tejo; no topo do jardim encontra-se a Capela de São Jerónimo de 1514, classificada como Monumento Nacional e rodeada por um prado, que se ergue no centro de um denso arvoredo. Por volta de 1950, o Arquiteto Gonçalo Ribeiro Telles, realizou o projeto para a criação de um espaço verde em torno da Capela de São Jerónimo,

Figura 37: Esboço da Capela de São Jerónimo.

com o objetivo de garantir a área de proteção do Monumento e a ligação visual entre a

50

Capela e a "Torre de Belém", que o arquiteto criou com a abertura de um eixo arborizado entre os dois Monumentos Nacionais, utilizando o Jacarandá, árvore de origem brasileira, de flores tipicamente roxas, muito utilizada em Lisboa. A *Capela de São Jerónimo* é um Monumento Nacional datado de 1514, é uma arquitetura religiosa, em estilo neo-manuelino e manuelino renascentista. Capela da nave única coberta por uma desmoronada. Um jardim moderno, com vários caminhos, serpenteando por entre a mata que delimita os limites da área do parque limita a poluição sonora. A parte inferior do parque é constituída por um grande relvado com arbustos, com vista para a Torre de Belém.

B Parque dos Moinhos de Vento de Santana

Durante a segunda metade do séc. XVII, esta zona era conhecida como *Casal das Freiras*, pertencente ao convento das Irmãs Dominicanas Irlandesas do *Convento do Bom Sucesso*, que construíram os "Moinhos da Ajuda Caramão". Após o restauro, estes moinhos passaram a designar-se por "Moinho Velho" e "Moinho de Sant'Ana", nome do parque, projetado pelos Arquitectos Paisagistas Isabel Ramos e Carlos Fernandes da Costa, vencedores do concurso lançado pela Lisboa 1993. No âmbito dos objectivos programáticos definidos, o parque incluiu três fases de construção: A primeira corresponde ao parque existente, que apresenta uma pista de patinagem, um skate, um lago e uma fonte com um pequeno moinho central, um parque infantil, um anfiteatro e duas zonas de bar. A segunda e a terceira fases do projeto, que incluem a construção de um "Museu dos Moinhos de Vento" e uma outra zona de lazer com campos de ténis, estão ainda em construção devido à escassez de fundos.

Figura 38: Esboço dos dois moinhos do parque.

A construção dos Moinhos de Santa Ana, destinados à moagem de farinha, remonta a 1762; representam o último testemunho da atividade relacionada com a moagem de cereais, típica de toda a zona oriental de Lisboa. Situados no topo da colina do bairro *do Restelo*, funcionam como *Miradouro* sobre a área urbana envolvente.

C Jardim Botânico da Ajuda

Após o catastrófico terramoto de 1755 que a destruiu Lisboa, o rei D. José I, instalou-se com a corte na *Quinta Real da Cima*. A propriedade integrava uma casa com terreno fechado, destinado a jardins e pomares, que D. José quis transformar com um ambicioso projeto de construção de um Jardim Botânico Real, encomendando em 1765 ao Marquês de Pombal e ao naturalista Domenico Vandelli. Com a construção do novo Palácio Nacional da Ajuda no seu lado Este, o Jardim Botânico ficou isolado da nova residência real. No entanto, após a invasão napoleónica, com o regresso da Família Real à Ajuda, foi estabelecida uma ligação com o Jardim Botânico através de um túnel de ferro, que corre hoje sob a *Calçada da Ajuda*. Em 1910, com a implantação da República, o jardim foi aberto ao público, contando com mais de 1200 espécies botânicas diferentes, na sua maioria provenientes de Angola, Brasil e Cabo Verde.

Figura 39: Esboço da vista do terraço superior, com a fonte central "Fonte das 41 bicas".

Para além do imenso valor botânico do Jardim, o seu valor histórico e cultural é caracterizado pelos elementos arquitectónicos barrocos que o ornamentam. O parterre inferior alberga duas fontes, e um lago central, denominado *Fonte das 41 bicas*, devido às suas 41 estátuas barrocas de animais fantásticos, que contêm os jactos de água da fonte no centro e nas laterais do lago; foi concebido com tanques de pedra semi-submersíveis destinados a albergar plantas aquáticas.

D Parque Florestal de Monsanto e seus *Miradouros*

A área hoje ocupada pelo Parque Florestal de Monsanto foi utilizada, na época da dominação muçulmana, para horticultura e olivais; este tipo de utilização traduziu-se numa paisagem maioritariamente rural a partir do século VII. Nos séculos XVII e XVIII, as propriedades conventuais cresceram e expandiram-se com a criação de outros conventos e jardins, povoando as zonas da *Ajuda* e de *Alcântara*, onde as Famílias Reais construíram os seus pavilhões de caça e reservas, até ocuparem quase toda a área do outrora chamado *Monte Sagrado*, sobretudo no século XIX, época da industrialização em Lisboa. O Inspetor Florestal J. Magalhes foi o primeiro a defender a necessidade de rearborização da Zona de Monsanto. Em 1925, a vegetação do território limitava-se às zonas da "Tapada da Ajuda" e da "Tapada da Mata de São Domingos das Cimas", enquanto todo o resto do território estava desnudado de todas as formas vegetais desde há muitos anos. A reflorestação da Mata de Monsanto só foi implementada, de forma sistemática, em 1938, com um decreto-lei do regime salazarista, que foi fundamental para a criação do "pulmão verde de Lisboa". Em 1938, o arquiteto urbanista Keil do Amaral foi encarregado pela Câmara Municipal de Lisboa de se ocupar da criação e renovação dos parques e jardins de Lisboa. O seu projeto para a construção de equipamentos para o Parque Florestal de Monsanto incluiu a construção, entre outros, da *Casa da Thé* (D)), um espaço sóbrio com um lago central e um caramanchão de pedra semicircular, mais tarde designado *Miradouro* de Montes Claros (1949); *Miradouros*: "Moinho do Penedo (E) uma das mais espectaculares vistas panorâmicas de todo o Parque Florestal de Monsanto; Keil do Amaral (F).

Figura 37: Esquerda: Esboço do chafariz central do Miradouro de Montes Claros; Direita: Esboço do Moinho do Penedo.

Figura 38: 1: Esboço do espaço pavimentado com um tanque de água central com papiro; 2: Esboço dos terraços com vista para o rio Tejo.

Com a missão de criar espaços bem equipados dentro do Parque de Monsanto, o arquiteto Keil do Amaral, através do traçado de um eixo transversal, a Avenida Keil do Amaral, criou vários percursos dentro do Parque Florestal de Monsanto, entre fitomonumentos, parques de merendas, parques infantis e equipamentos desportivos, um dos quais conduz ao topo de uma colina, onde a mata é muito densa, para se abrir no Jardim "Keil do Amaral"; um espaço pavimentado com um tanque de água central, com papiros, e rodeado de bancos de madeira. Este jardim sombreado está ligado a um terraço inferior, o verdadeiro "Miradouro de Keil do Amaral", desenvolvido em três níveis que descem até ao rio Tejo, iluminado por uma luz branca brilhante.

G *Tapada da Ajuda*

As origens da *Tapada da Ajuda* remontam ao reinado de D. João IV, quando em 1645 o monarca ordenou a criação da então "Tapada de Alacantara". O terreno é utilizado como reserva de caça real, até à segunda metade do século XVI, altura em que a nova residência real passa a situar-se na zona do Alto da Ajuda e a reserva passa a designar-se Tapada da Ajuda. Em 1841 cessam as actividades cinegéticas, favorecendo a produção agrícola, a renovação da flora e a reflorestação do território. Em 1862, D. José I muda-se definitivamente para o Palácio Nacional da Ajuda; a Tapada torna-se um parque botânico aberto ao público, assume um papel agrícola e ecológico cada vez mais importante, até acolher a Terceira Exposição Nacional Agrícola em 1884. Em 1910, a Tapada passa a ser gerida pelo *Instituto Superior de Agronomia* (I.S.A.), mantendo-se aberta ao público.

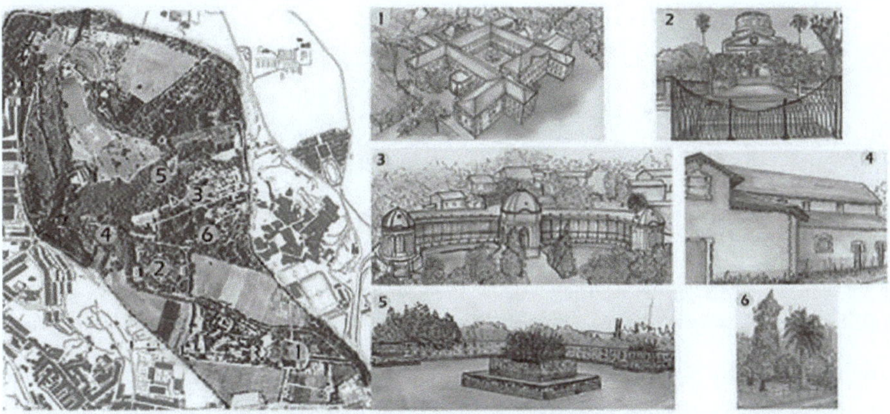

Figura 39: A zona da *Tapada da Ajuda* e (1) Esboço da Universidade I.S.A.; (2) Observatório Astronómico de Lisboa; (3) Esboço do Pavilhão das Exposições; (4) Esboço da "Antiga Abegoaria"; (5) Esboço do *Miradouro de Salazar*; (6) Esboço do "Jardim da Rainha".

H *Tapada das Necessidades*

Ligada a uma lenda de 1580, segundo a qual Lisboa foi assediada pela peste que durou mais de vinte anos; a população começou a deslocar-se para zonas mais saudáveis da costa oceânica, na *Ericeira*, onde se narra que ocorreram curas milagrosas num convento, rezando na Capela de Nossa Senhora das Necessidades. Com o regresso da população a Lisboa, foi construída a Capela, dedicada à Santa, no bairro *da Ajuda*, tornando-se um local de culto e louvor para a nobreza. Em 1606, D. João IV mandou construir a Igreja e o Convento das Necessidades, tendo anexado o Palácio de residência de parte da Família Real. Em 1743, D. João V, iniciou o projeto dos Jardins da Tapada das Necessidades, que foram ampliados e remodelados para acomodar as necessidades das Famílias Reais que aí habitavam até à última remodelação na segunda metade do século XIX, que lhe conferiu o atual carácter romântico.

Figura 40: Área *da Tapada das Necessidades*; (1) Esboço do obelisco central do terraço do *Miradouro* Olavo Bilac; (2) Esboço da Estufa Circular; (3) Esboço da "Casa do Regalo"; (4) Esboço do moinho "Mae da agua".

Em frente à entrada da *Tapada das Necessidades* encontra-se o *Miradouro* "Olavo Bilac" (1). O jardim, de arquitetura barroca do século XIX, é constituído por vários lanços curvilíneos virados a sul, com vista para o bairro de Alcântara, o rio Tejo, a Ponte 25 de abril e a Península de Setúbal. No centro, encontra-se um chafariz barroco quadrilobado, com obelisco central e fantásticas bicas em forma de animais. Situada a poente do grande relvado central, encontra-se a estufa circular (2); foi construída em

1856 por D. Pedro V, filho de D. Fernando II, que gostava de fazer crescer os seus filhos rodeados de natureza. Esta espetacular estrutura de ferro forjado e vidro, serviu para conter e adaptar ao clima de Lisboa, uma grande coleção de plantas de várias partes do mundo. O maior edifício localizado dentro da *Tapada das Necessidades*, é a "Casa do Regalo" (3), um belo exemplo de arquitetura romântica construída pelo Rei D.Carlos em 1889, para ser o estúdio de desenho e pintura da Rainha D. Amélia. Atualmente é o escritório do Ex-Presidente da República Jorge Sampaio. No extremo norte do parque, situa-se o pequeno jardim do moinho "Mae da Agua", um moinho real privado. O jardim é composto por uma zona arborizada assente num caminho que percorre uma zona de mata mediterrânica e pelo jardim de cactos, com plantas centenárias.

4.4 Análise das relações visuais das antenas do Eco-Museu

O Plano Diretor Municipal de Lisboa prevê um sistema de defesa e valorização das grandes vistas e das vistas privilegiadas das vias, cursos principais e vales. A paisagem visual protegida da cidade caracteriza-se por uma sucessão de planos paralelos dispersos em função da distância ao ponto de observação. Não existem perspectivas profundas, realçadas pelo nevoeiro, como no Norte da Europa; A luminosidade é violenta, com efeitos contrastantes de luz-sombra, devido à extensão do estuário do rio Tejo. A distribuição escalonada dos edifícios, que se adaptam ao relevo do território, contribui, por sua vez, para a espetacularidade e abundância panorâmica destas vistas.

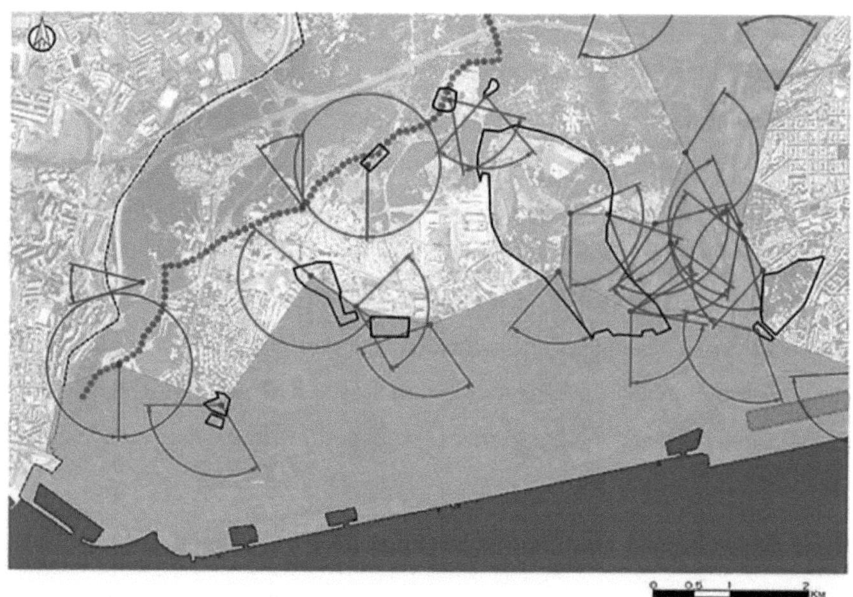

Figura 41: Sistema dos Cenários Visuais Protegidos. (P.D.M. 2012)

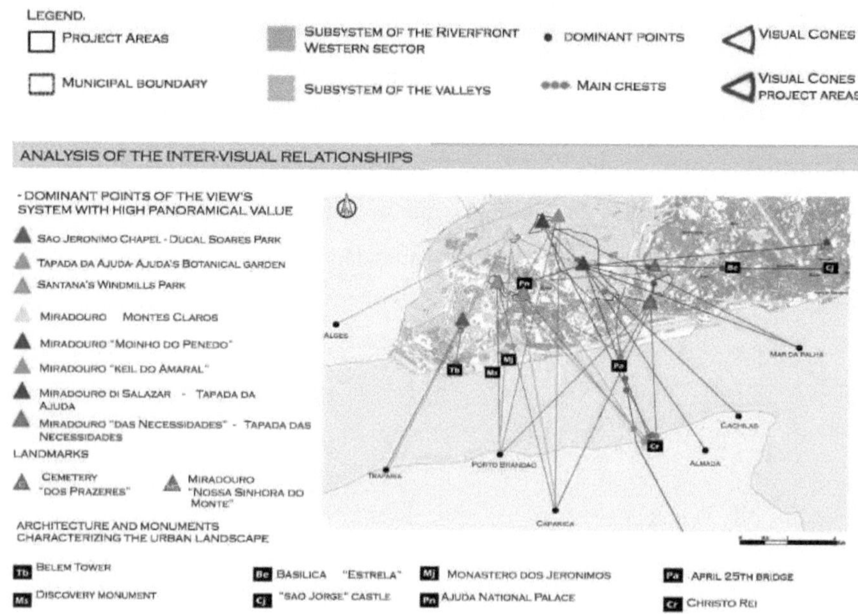

Através do estudo das relações inter-visuais entre os pontos mais altos das antenas do Eco-Museu e os marcos do restante tecido urbano de Lisboa, podem ser definidas quais

58

as relações visuais que devem ser potenciadas no desenho dos itinerários de ligação entre as áreas do projeto, bem como considerar intervenções na altura dos elementos de vegetação. Outra análise efectuada é a da "Visibilidade Absoluta"[22] (Fig. 43), que não se refere a pontos de vista particulares, mas a um conjunto generalizado de todos os pontos num ambiente, que quase sempre corresponde a um cenário morfológico, delimitado pelos elementos físicos da paisagem considerada (barreiras montanhosas, cristas, margens, etc.). A análise explora, em primeiro lugar, esses limites, a sua consistência e forma, bem como a contiguidade com o meio envolvente; em segundo lugar, centra-se nesses elementos que marcam, distinguem e caracterizam o próprio ambiente do Ecomuseu. A lógica de seleção que orientou a análise da "Visibilidade absoluta" é sobretudo objetiva, pois não interpreta dados percebidos, mas apenas considera o fenómeno visual como a relação entre linhas e pontos. Através desta análise, foi possível obter uma leitura da paisagem que permite um conhecimento global das áreas de projeto, útil para definir o "valor" e a "vulnerabilidade" visual das antenas do Ecomuseu.

---

22 V. Romani (1988);

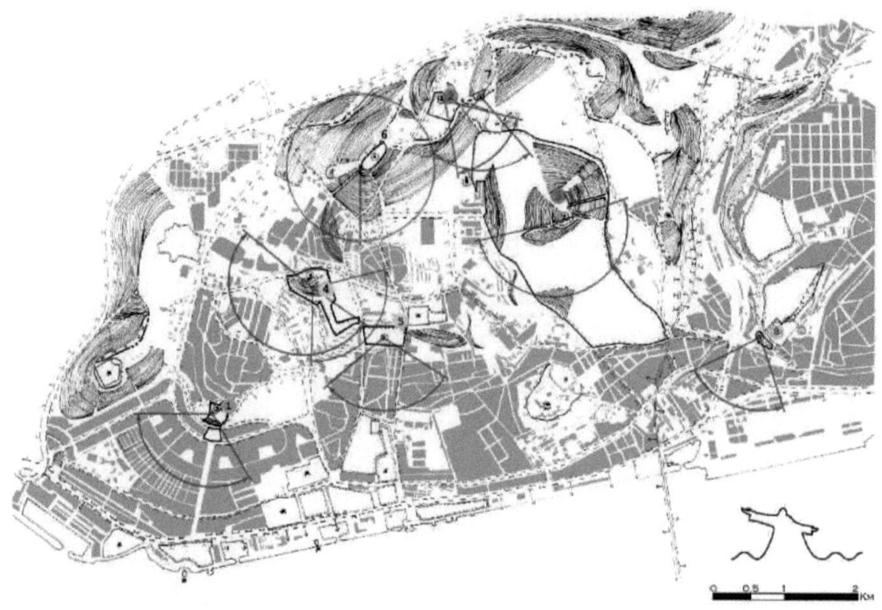

Figura 42: Análise de Visibilidade Absoluta

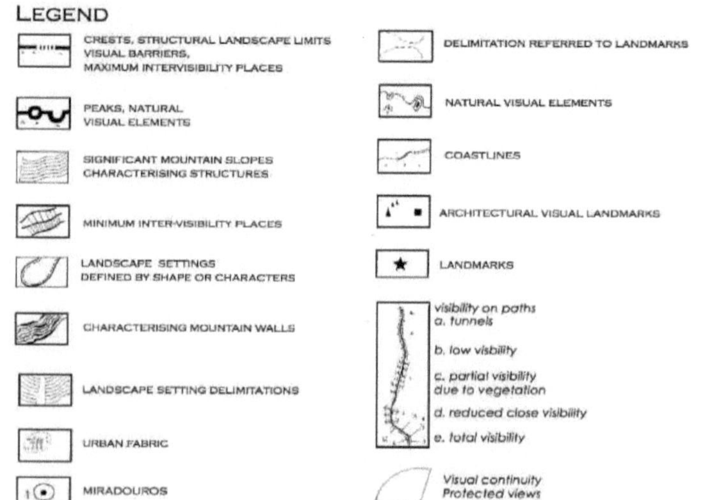

SAO JERONIMO CHAPEL - "DUCLA SOARES" PARK

Lusiada University
Murfacem
Trafaria
Belem Tower

MIRADOURO "MOINHO DO PENEDO"

Seixal
Montijo
Almada
Barreiro
Tapada da Ajuda

SALAZAR MIRADOURO - TAPADA DA AJUDA

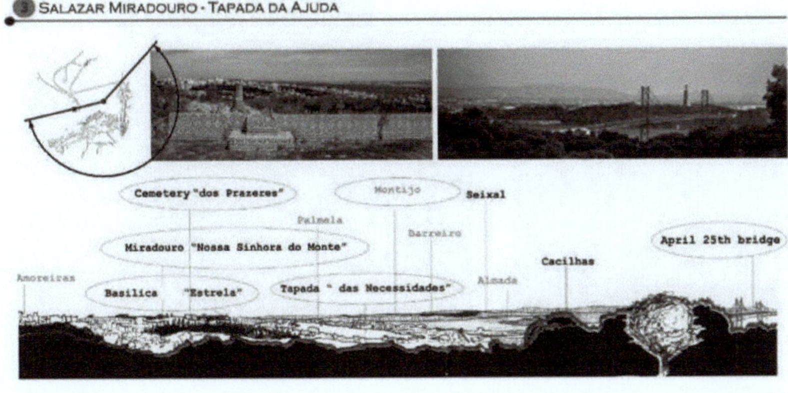

Cemetery "dos Prazeres"
Montijo
Seixal
Palmela
Barreiro
April 25th bridge
Miradouro "Nossa Sinhora do Monte"
Cacilhas
Amoreiras
Almada
Basilica   "Estrela"
Tapada " das Necessidades"

4 SANTA ANA WINDMILLS PARK

5 BOTANICAL GARDEN OF AJUDA - TAPADA DA AJUDA

6 MIRADOURO OF "MONTES CLAROS"

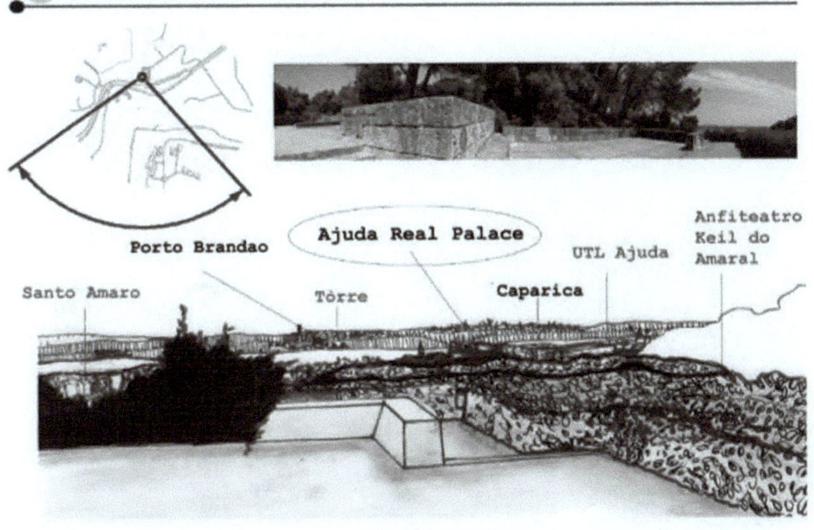

8 MIRADOURO "DAS NECESSIDADES" - TAPADA DAS NECESSIDADES

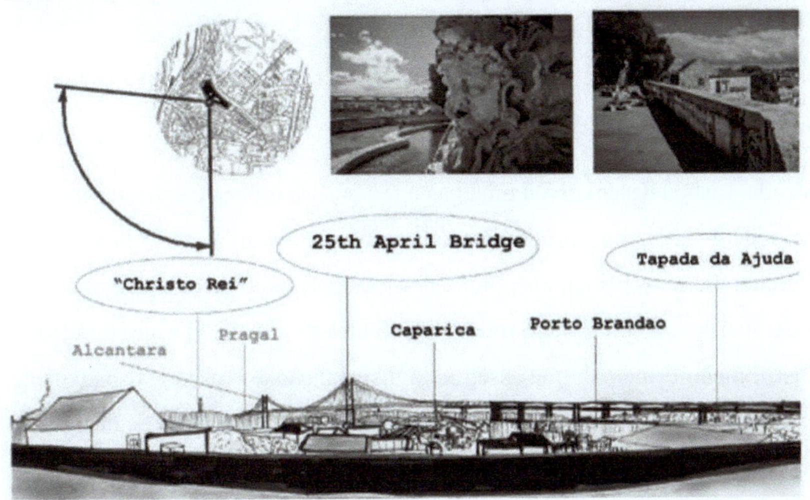

4.5 Análise dos sistemas de ligação

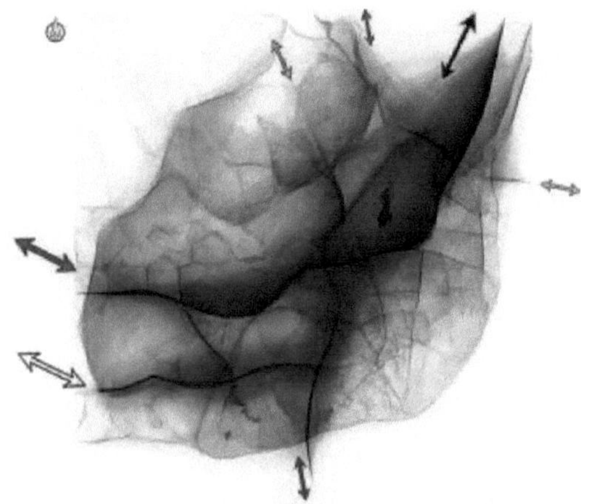

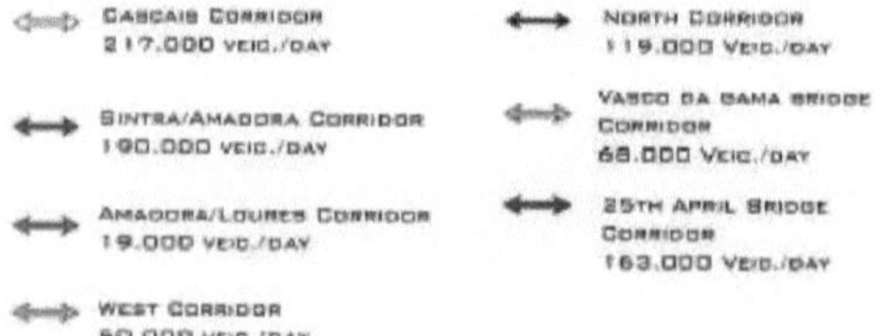

Na última década, Lisboa desenvolveu uma vasta rede viária urbana e extra-urbana. Os eixos viários podem ser hierarquizados em quatro níveis distintos: O 1º Nível - é a Rede Estruturante, inclui os principais pontos de atravessamento da cidade e os troços mais longos de distribuição do tráfego rodoviário dentro da cidade. O segundo nível é a Rede de Distribuição Principal, que assegura a distribuição dos principais fluxos de tráfego da cidade, e os níveis de acesso à rede de 1º nível. O terceiro nível é designado por Rede de Distribuição Secundária, inclui troços rodoviários que asseguram a distribuição dos fluxos de tráfego para os eixos de nível superior. O quarto nível é a Rede de Proximidade, constituída pelas ruas estruturantes dos bairros, com funções de escoamento de tráfego mas maioritariamente referenciáveis aos peões. Os eixos incluídos são as principais ligações à Rede de Acessos Locais. Apesar da boa estruturação da rede, devido à peculiar caraterística morfológica da capital portuguesa, a rede viária apresenta vários nós de "estrangulamento" em correspondência com os acessos à zona portuária e aos corredores de entrada/saída da Área Metropolitana de Lisboa.

Da análise dos fluxos de tráfego destes "Corredores" verificou-se que os eixos rodoviários mais afluentes são: O Corredor Cascais, Corredor Sintra / Amadora, a ponte 25 de abril. Estes são os principais eixos motores do fluxo total de tráfego dentro da cidade (70%) e localizam-se na zona ocidental de Lisboa, área de projeto do *Ecomuseu "Olha Lisboa"*. Lisboa é atravessada por 6 diferentes linhas ferroviárias suburbanas, regionais ou nacionais que se estendem por 5 sedes (*Santa Apolónia, Oriente, Entrecampos, Cais do Sodré e Rossio*) e movimentam diariamente cerca de 250.000 passageiros. Lisboa é também o terminal do corredor europeu n. 5 de comboios de alta velocidade.

Figura 43: Esquerda, alguns *electricos* da linha 28;

A cidade é servida por um moderno e funcional sistema integrado de transportes públicos, cujas instalações, para além dos autocarros e eléctricos regulares e do metropolitano, contam com a presença dos eléctricos caraterísticos do início do século ("electrico" e "elevadores"), que continuam a fazer um serviço regular de linha nos eixos de ligação dos bairros históricos de Lisboa. Apesar da presença das duas pontes de travessia sobre a bacia do Tejo, a rede de transportes urbanos abrange também um sistema intermodal que integra a rede ferroviária de superfície e subterrânea com o transporte fluvial tradicional para ligar as duas margens do rio. Neste sentido, identificam-se duas ligações principais no sistema de mobilidade da cidade: *O Cais do Sodré* e *a Praça do Comércio*, ambos servidos por um serviço de ferry-boat de linha, num total de cerca de 500 ligações diárias. De facto, a necessidade de maior rapidez e comodidade dos transportes públicos não apagou senão a utilização e existência da rede de transportes eléctricos, continuando a investir-se na requalificação e adaptação dos "eletricos", símbolo de uma identidade que Lisboa e os seus habitantes não querem esquecer.

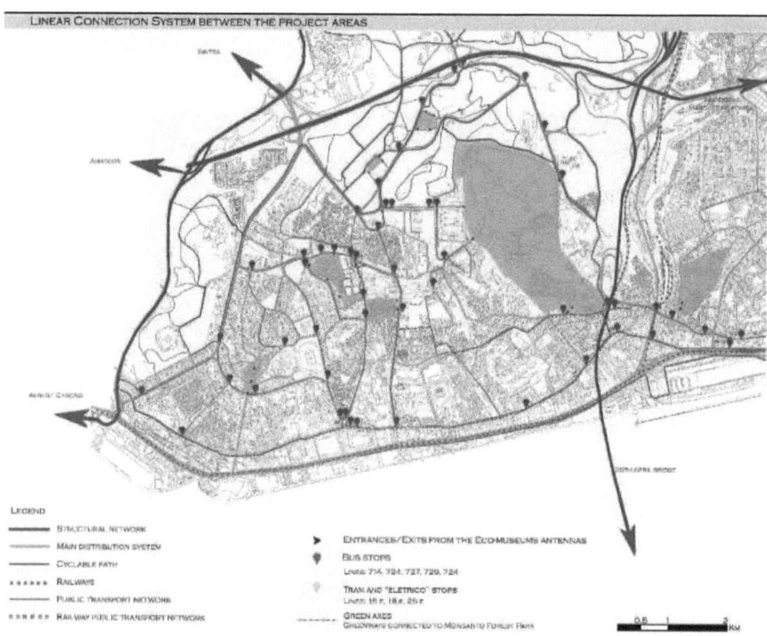

4.5 Análise dos pontos fortes, pontos fracos, oportunidades e ameaças (S.W.O.T.)

Depois de ter estudado extensivamente as camadas que compõem as paisagens incluídas nas áreas do projeto, foi decidido realizar uma análise final; a análise S.W.O.T é uma ferramenta de planeamento estratégico utilizada para avaliar os Pontos

Fortes, Pontos Fracos, Oportunidades e Ameaças de um projeto, neste caso a ligação das antenas do Eco-Museu "Olha Lisboa". Os principais pontos da análise SWOT são: Os atributos da organização que são úteis para atingir o objetivo (Forças); Atributos da organização que são prejudiciais para atingir o objetivo (Fraquezas); Condições externas que são úteis para atingir o objetivo (Oportunidades); (Riscos) Condições externas que podem levar a prejuízos no desempenho. A partir da combinação destes pontos, são definidas as acções a desenvolver para atingir o objetivo da criação do *Eco-Museu "Olha Lisboa"*.

	STRENGHTS	WEAKNESSES	OPPORTUNITIES	THREATS
LANDSCAPE AND HERITAGE	Public green spaces, with differenteco-logical, cultural, recreational and leisure values, and panoramic views.		Create a network of tourist itineraries that connect and value the features and heritage of the project areas.	
	"Miradouros", panoramic views privileged, social identity places	Bad state of conservation of the Miradouros.	Promote the heritage of the coastline panoramic views and the Alcantara Valley through a network of a tourist route.	Difficulty of access to "Miradouros" for users with reduced mobility capacity due to their high position.
	Monsanto Forest Park, rich in biodiversity, geo-monuments phyto monuments	Difficulty in conservation and maintenance of historical and landscape heritage within the Monsanto Forest Park.	Intensify the ecological value of the Monsanto Forest Park,connecting geo-monuments and the phyto-monuments to the "Miradouros".	
	Belem Tower, Jeronimos Monastery and Monument to the Discoveries, historical triangle dedicated to the era of navigation.			
	Chapel of "Sao Jeronimo",National Monument	Difficulty of promoting the Chapel of "Sao Jeronimo" because of theconcentration of tourist flow in the underlying Coastline area.	Strengthen the historical connectionbetween the Chapel of "Sao Jeronimo" and the historic "geronimino" complex of the district of Belem, through the creation of a tourist itinerary.	Increased tourist inflow in Belem district.
	Windmills of Sant'Ana and Penedo, elements of testimony and historical identity.	Lack of enhancement of the historic link between Sant'Ana Recreational Park Mills and the Miradouro of Penedo Mill, in the Monsanto Forest Park.	Enhance the historic connection between the Mills through the creation of a tourist route of connection.	
	Ajuda National Palace Ajuda Botanical Garden "Tapada da Ajuda", historical complexes of great historical, cultural and landscape significance.	There is no transversal connection path from Tapada to Ajuda, connecting with Ajuda Palace and Ajuda Botanical Garden	Enhance Ajuda's historic complex by creating an itinerary tourist link.	
	Monumental Cemetery of Prazeres. Tapada Das Necessidades, heritage with historical and social value of the district of Prazeres	Poor valorization of the polarities of the Prazeres district [Tapada das Necessidades and Monumetal Cemetery of Prazeres].	Connect the historical center of the district of Prazeres through a tourist itinerary, which enhances its heritage.	

	STRENGHTS	WEAKNESSES	OPPORTUNITIES	THREATS
URBAN TISSUE	Traffic distribution in the crossing corridors 25th April bridge and Cascais.	Excessive use of means of transport private ones for moving within the city, resulting in a negative impact on the flow of traffic and the quality of the urban environment.	Promotion of public transports for traveling within the city.	
	25th April bridge, structuring traffic corridor and city symbol.	Sensitive acoustic pollution, especially at the entrance to the Bridge, located on the side of Tapada da Ajuda.		
	Railway line running along the coastline of the metropolitan area of Lisbon. Railway link between the northern area of Lisbon and the districts Alcantara and Prazeres.	Poor use of the rail network for medium and short distance travel within the city.	Promotion of network use railway for travel within the Lisbon Metropolitan Area.	
	Public transport network	Absence of the metropolitan network public transport system in the western area of Lisbon.	Qualification and promotion of public transport use	Rischio d'aumento del livello di inquinamento acustico.
	Restored electric public transport network, historic trams representing the traditional public mobility network.	Limited number of historic trams with limited capacity.	Enhancement of the use of historic means of transport, which represent in themselves a tourist attraction.	
	Bicycle path of the Monsanto Forest Park. Cyclopedonal path of the coastline, link to the old town.	Cycle routes lenght reduced due to the hilly nature of the territory on which Lisbon develops.		
	A network of pedestrian paths of the Monsanto Forest Park, equipped for sports and leisure.		Implement the use of the pedestrian paths crossings the Monsanto Forest Park, reduction of pollution due to individual and public transport.	
	Greenways connected to the Forest Park of Monsanto	Interruptions of tree-lined avenuesin some tracts	Refurbish the tree-lined avenues, connecting to the Monsanto Forest Park, where necessary	
	Compact residential fabric of architectural and historical value			
	Newly built districts	Built with adjoining green areas in a state of degradation.	Restoratin of the gren areas adjacent to the eco-museum antennas	
SOCIO-ECONOMICAL TISSUE	Belem historical-museum complex, with a high density of institutions and cultural agents, tourist area of vital importance for Lisbon economy.	Difficulties in distributing activities of economy-related tourism,apart from the area of Belem's historic complex.	Expand tourist and cultural offerings in neighborhoods closed to Belem, via heritage promotion.	Dismissal of small businesses, in favor of tourism-related economic activities.
	Piazza 'do Imperio' and Piazza 'Armada' main meeting points, with historical and monumental value.		Take advantage of existing polarities as 'Entrance doors' to the museum	
	Medical research centers and hospitals of great prestige			
	Huge amount of quality hotel facilities and bars, across the entire coastline, generators of income and meeting points.			
	LX Factory creative area, nightclubs, shops and restaurants, weekly market	Poor affluence of older visitors	Promote the organization of events cultural, by increasing public participation processes.	
	Restelo stadium, place ofsocialization and source of income linked to sport events.			
	University complex U.T.L., I.S.A. and Lusiada University		Awareness of the students population, landscape and cultural heritage present all over the area.	Maintenance and control difficultiesof the landscape asset areas used by the students

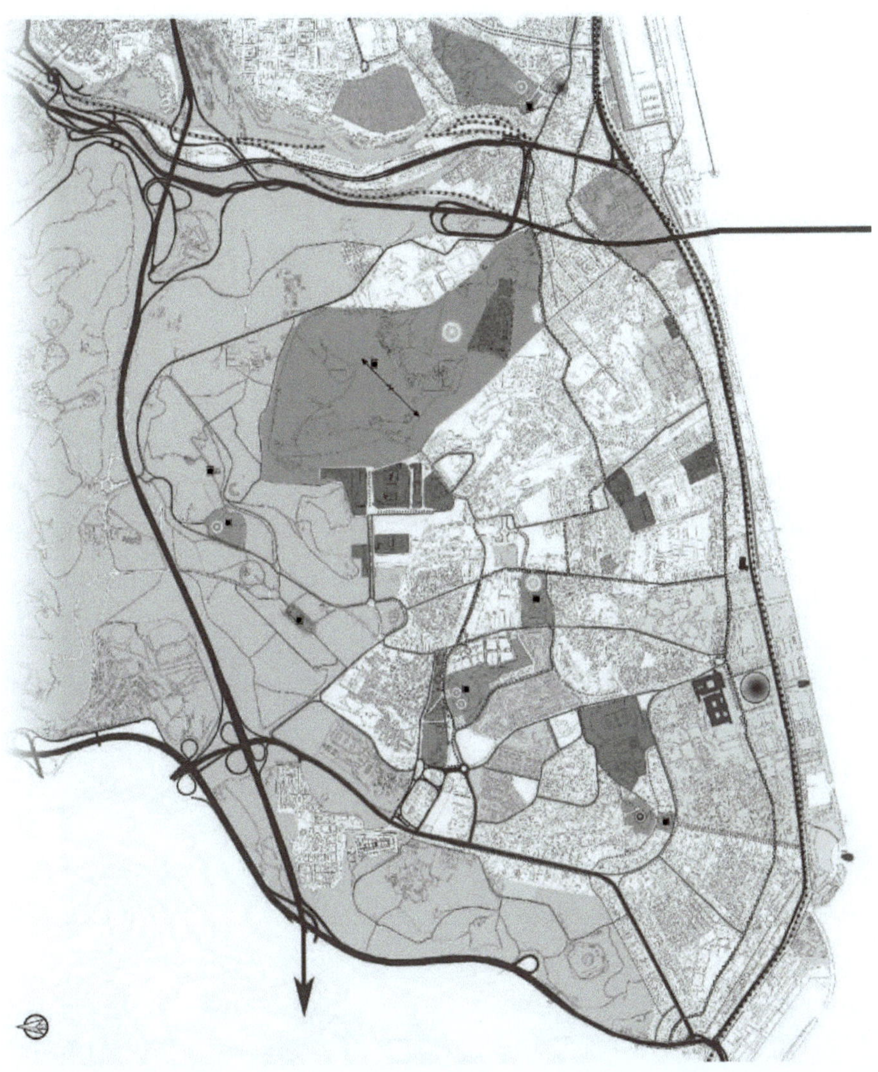

Figura 44: Análise S.W.O.T. do território do Eco-Museu

4.6 Eco-Museu "Olha Lisboa": 5 itinerários para redescobrir Lisboa

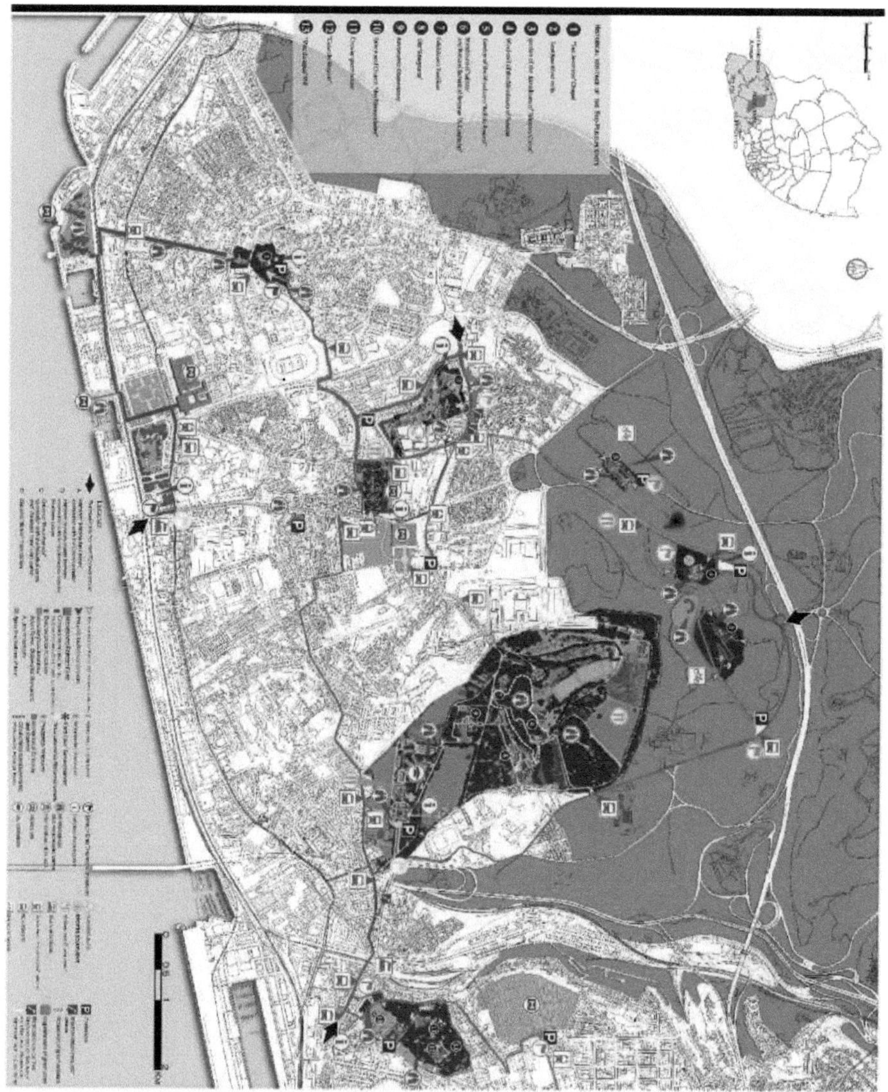

Figura 45: Plano Diretor dos 5 Itinerários do Eco-Museu "Olha Lisboa".

O projeto do Eco-Museu *"Olha Lisboa"* pretende valorizar cultural e estruturalmente os *Miradouros* da zona ocidental de Lisboa, recuperando-os, quando necessário, revitalizando a sua função social e cultural, também através do envolvimento das comunidades locais.

A área delimitada pelo Ecomuseu inclui oito parques, ricos em património histórico, que possuem também um importante interesse paisagístico e naturalista, contando com a presença de várias colecções botânicas, geo-monumentos e fitomonumentos. O território incluído no Ecomuseu pode ser visitado através de 5 itinerários temáticos, todos eles acessíveis tanto a pé como através de transportes públicos e privados. Cada itinerário prevê actividades turísticas, bem como instalações desportivas e de lazer, incluindo espaços universitários, museus e todos os serviços que os cidadãos utilizam diariamente, sugerindo novas ligações e caminhos de fácil acesso também para os residentes, deixando-lhes as ferramentas para viver a sua paisagem.

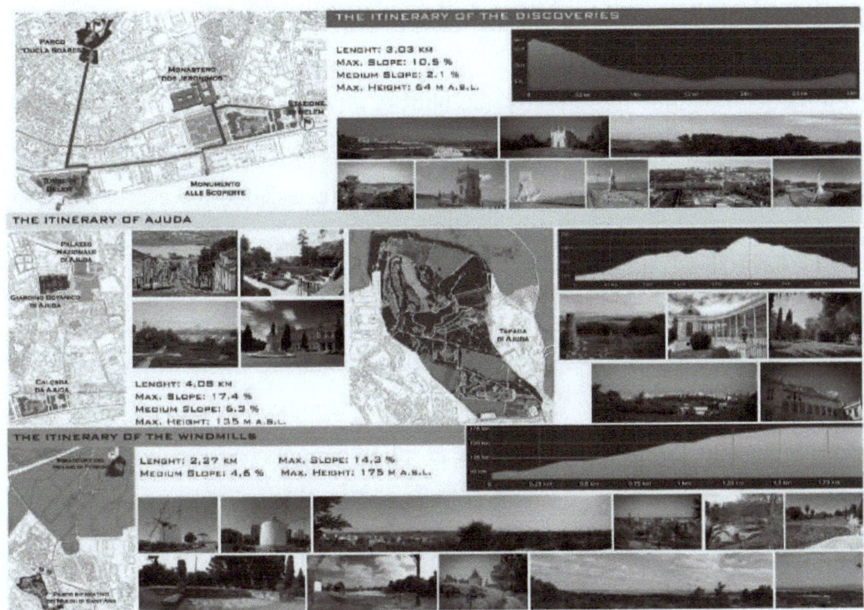

O ITINERÁRIO DOS DESCOBRIMENTOS

O tema deste percurso são os Monumentos dedicados à época das grandes navegações e descobertas dos séculos XV e XVI, passando pelas *Freguesias* de *São Francisco Xavier* e *Santa Maria de Belém*. O itinerário inicia-se no Parque Ducla Soares, na colina do *Restelo*, parque onde se situa a capela de São Jerónimo, Monumento Nacional de estilo manuelino, como a Torre de Belém e o Mosteiro dos Jerónimos, que guia o visitante pelo "corredor visual" da Avenida Ducla Soares. Ao longo da costa da Riviera, em frente ao Mosteiro dos Jerónimos, situa-se o Padrão dos Descobrimentos, de construção mais recente, mas também dedicado à época das grandes navegações dos séculos XV.

O ITINERÁRIO DA AJUDA

O percurso leva o visitante a descobrir a residência, o jardim e o parque de caça do Rei D. João V. Inicia-se na *Calçada da Ajuda*, chegando ao Jardim Botânico da Ajuda, património europeu e nacional, orientado para o rio Tejo, de onde se desfruta de uma espetacular vista panorâmica. O percurso continua até ao Palácio Nacional da Ajuda, antigo Palácio Real, hoje museu e sede do Ministério da Cultura. Após a visita ao Palácio, o percurso prossegue no concelho de Alcântara, no interior da *Tapada da Ajuda*, um parque botânico de terrenos que outrora albergaram a reserva de caça do Rei D. João IV, rico em património histórico, natural e panorâmico. O percurso sobe até aos 135,5 m, altitude do *Miradouro* de Salazar, atravessando a Reserva Natural Botânica "A. Coutinho", memória viva das antigas florestas que povoaram Lisboa.

O ITINERÁRIO DOS MOINHOS DE VENTO

O itinerário liga dois parques, o Parque Recreativo Moinhos de Vento de Sant'Ana, no Bairro de *São Francisco Xavier,* e o *Miradouro* do Moinho do Penedo, no Parque Florestal de Monsanto. Ambos, para além de se situarem numa posição montanhosa e, por isso, serem miradouros panorâmicos, contêm três Moinhos de Vento, símbolo da florescente atividade de moagem do trigo, típica da zona ocidental de Lisboa. Os moinhos foram recuperados e podem ser visitados; no Parque Recreativo dos Moinhos de Vento de Sant'Ana, a Câmara Municipal da cidade, deverá concluir a intervenção planeada para a criação de um "Museu dos Moinhos". Os parques estão equipados com equipamentos de recreio e campos desportivos, abertos 24 horas por dia.

ITINERÁRIO DO PARQUE FLORESTAL DE MONSANTO

O percurso serpenteia pelo Parque Florestal de Monsanto, envolvendo os mais espectaculares *Miradouros* de Lisboa. O itinerário, que na maior parte do seu percurso pode ser percorrido de bicicleta, começa no *Miradouro dos Montes Claros*, jardim projetado pelo arquiteto Keil do Amaral, a partir do qual se desfruta de uma vista plena sobre a cidade de Lisboa; depois do restaurante, a rota continua até chegar ao geo-monumento da Gruta dos Cactos; segue-se o anfiteatro verde, um terraço natural sobre o rio Tejo, utilizado para acolher concertos e eventos. O fim do itinerário é o *Miradouro Keil do Amaral*, onde se encontram centenas de *Pinus canariensis* no caminho que conduz ao jardim.

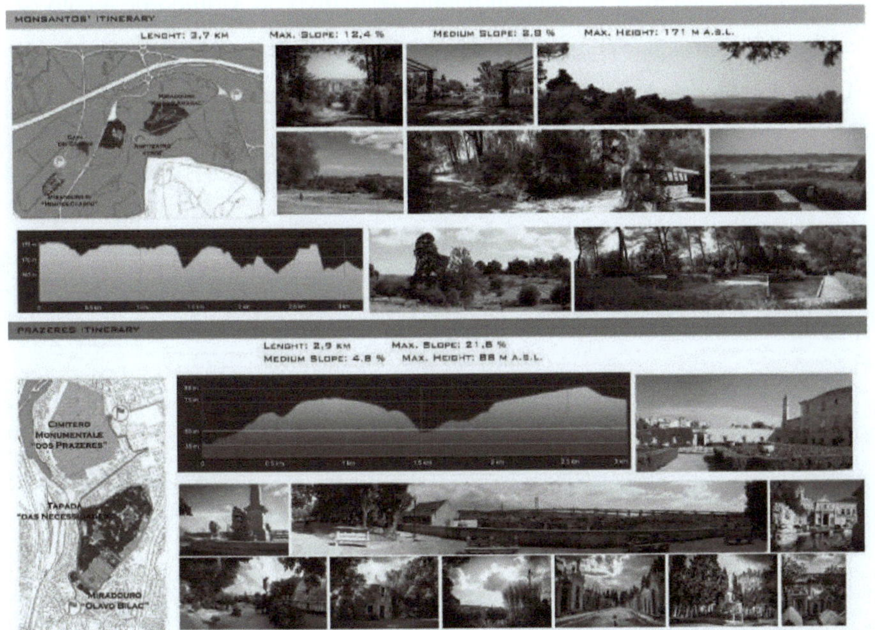

O ITINERÁRIO DOS PRAZERES

O itinerário começa com uma visita ao *Miradouro* do Jardim Olavo Bilac, um terraço panorâmico construído em homenagem ao famoso poeta brasileiro, ornamentado com canteiros irregulares e uma imponente fonte barroca com obelisco central, dedicada à "Mãe das Necessidades" para a qual foram erguidos a Igreja e o Palácio das Necessidades, à entrada da *Tapada* homónima. No interior do Parque, onde existem muitas vistas panorâmicas, o património histórico e arquitetónico é vasto e rodeado de raros exemplares de plantas tropicais e colecções botânicas originárias do Brasil, Angola e Cabo Verde. Continuando, o itinerário conduz ao Cemitério Monumental "dos Prazeres" (1833), é um pequeno núcleo da cidade, com sumptuosos mausoléus, alternando com vistas panorâmicas sobre o rio Tejo.

4.6 Intervenções de conceção paisagística e intervenções de restauro

Quando necessário, a proposta de valorização do território, prevê intervenções paisagísticas e intervenções de restauro e renovação; Intervenções de requalificação mais suaves dizem respeito à entrada do parque recreativo do Moinho de Vento de Sant'Ana (Fig. 47) e aos vazios adjacentes da zona residencial recentemente construída (Fig. 46), e ao corredor de entrada da ponte 25th abril, que corre ao longo da Tapada da Ajuda (Fig. 48).

Figura 46: Proposta de projeto paisagístico para os espaços verdes da zona residencial espaços abertos dos edifícios residenciais da entrada do parque recreativo dos Moinhos de Vento de Sant'Ana.

Figura 47: Proposta de projeto paisagístico da entrada do Parque dos Moinhos de Vento de Sant'Ana.

Figura 48: Proposta de projeto paisagístico para o corredor de entrada da ponte 25th abril.

4.6.1 Miradouro de Salazar: proposta de restauro

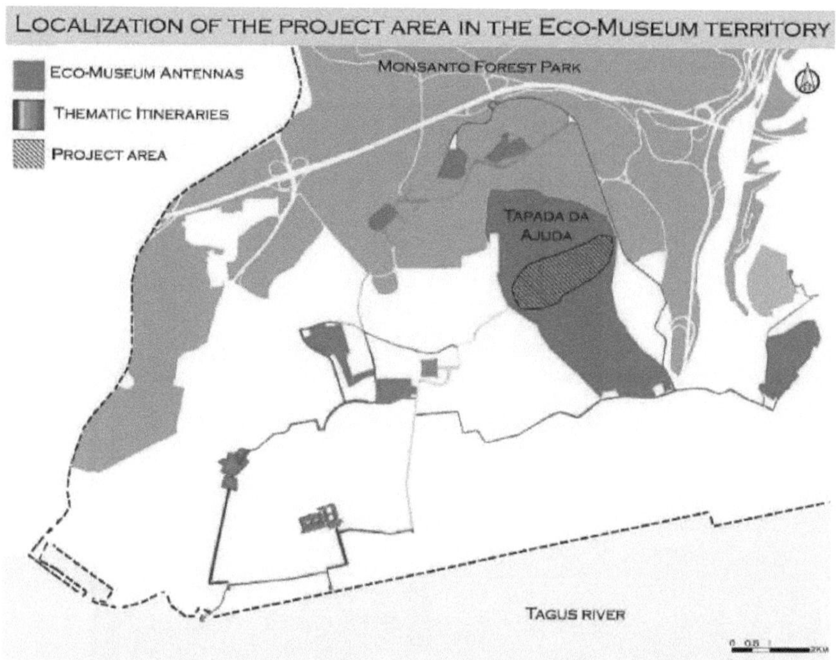

No topo do Parque Botânico *da Tapada da Ajuda* está localizado o *Miradouro* de Salazar, com uma altura de 135 metros. Inaugurado em 1937, o *Miradouro* tem uma estrutura quadrangular e é coberto por *azulejos*, a sua localização eclética e exposição a sul, abrem uma extraordinária vista panorâmica sobre a cidade de Lisboa, o rio Tejo e o extremo sul da periferia. A principal função do *Miradouro*, é a cobertura de um reservatório de água, com uma capacidade de contenção de 300 m3. O reservatório de água destinava-se a suprir as necessidades de água do Pavilhão de Exposições, mas não existem registos da sua utilização.

Figura 49: Vista do *Miradouro* de Salazar e da sua envolvente. 2014

Figura 50: Vista de Lisboa a partir da entrada do *Miradouro* de Salazar.

Figura 51: A estrada de entrada no *Miradouro* de *Salazar*.

A principal via de acesso ao *Miradouro* é uma longa avenida na periferia de um olival, que parte do Auditório da Universidade do "Lago Branco", atravessando a "Mina dos Eucaliptos". Chegando ao cimo da colina, uma grande rotunda com um grande pinheiro ao centro é uma praça que liga quatro caminhos pedonais da *Tapada*. A entrada no *Miradouro* é precedida por uma grande área verde com alguns exemplares seculares de *Jacaranda mimosifolia*; uma área em crepúsculo

devido à quantidade de árvores e arbustos que cresceram sem controlo e manutenção, oferecendo no entanto uma bela vista diretamente do Palácio Real da Ajuda. Hoje o *Miradouro*, apesar de ser um local apreciado pelos alunos do I.S.A., está completamente abandonado, devido às fracas e desconfortáveis ligações funcionais com o resto da *Tapada da Ajuda*.

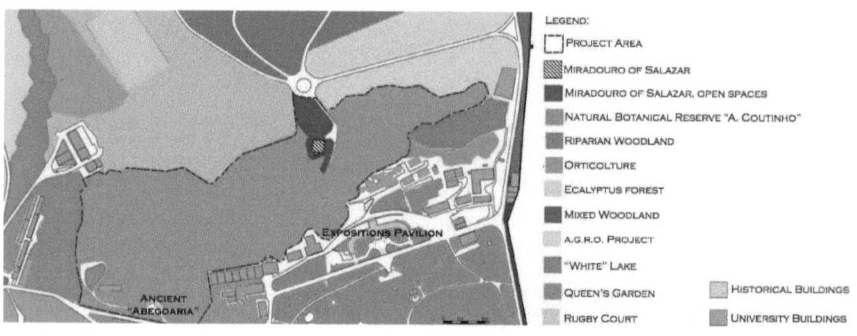

Figura 52 Análise dos usos do solo da área de projeto na *Tapada da Ajuda*.

Figura 53: Vista panorâmica da entrada do Miradouro de Salazar; Vista Sudeste do centro do Miradouro em visível estado de abandono; Entrada principal da Reserva Natural Botânica "A. Coutinho".

O *Miradouro* de Salazar é o último elemento de valor arquitetónico que nos introduz na Reserva Natural Botânica "D. António Xavier Pereira Coutinho". Em 1951, data de comemoração do centenário do nascimento do Professor António Xavier Pereira Coutinho, foi atribuído pelo Conselho de Professores do *Instituto Superior de Agronomia* o nome do ilustre botânico a esta reserva, como reconhecimento do seu enorme contributo para a conservação e estudo desta área. Na vegetação que se desenvolveu, os *Zambujeiros* (Olea europaea var. Sylvestris) dominam, tanto no que respeita ao estrato arbustivo como ao estrato arbóreo, acompanhados por *Phillyrea, latifolia, Rhamnus alaternus, Pistacia lentiscus, Retama sphaerocarpa, Lonicera etrusca, Spartium junceum, Ruscus aculeatus e Asparagus spp*, e outras espécies.

A Reserva Botânica Natural

estende-se por uma área de cerca de 4,4 hectares, constituída por uma colina com uma faixa central de rocha calcária, acima do Pavilhão de Exposições, rodeada por uma outra área de reserva natural de proteção, conhecida como "Zambujal das Pedras". Graças à sua posição acidentada, em alguns locais é possível desfrutar, na mata, de uma vista panorâmica de cortar a respiração, orientada para o Rio Tejo e para a Ponte 25 de abril.

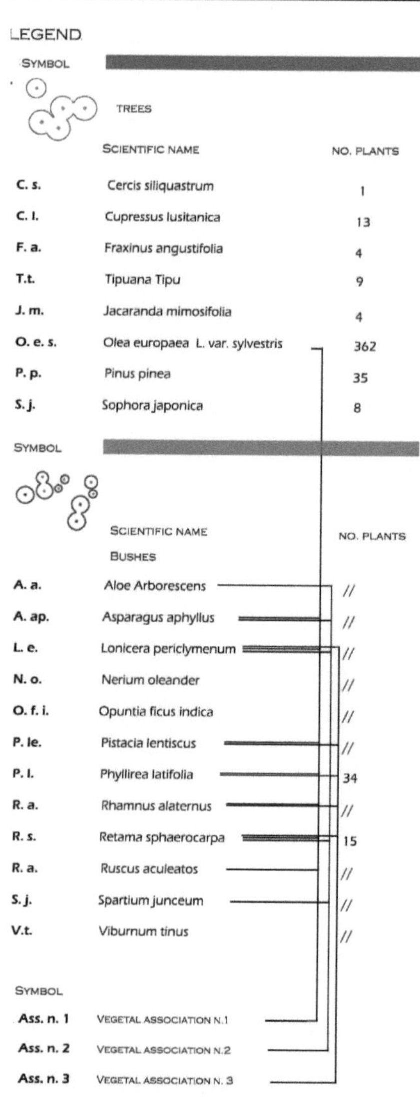

Figura 54: Legenda da Fig. 55

Figura 55: Levantamento do estado atual da vegetação da Reserva Natural Botânica "A.X.P. Coutinho".

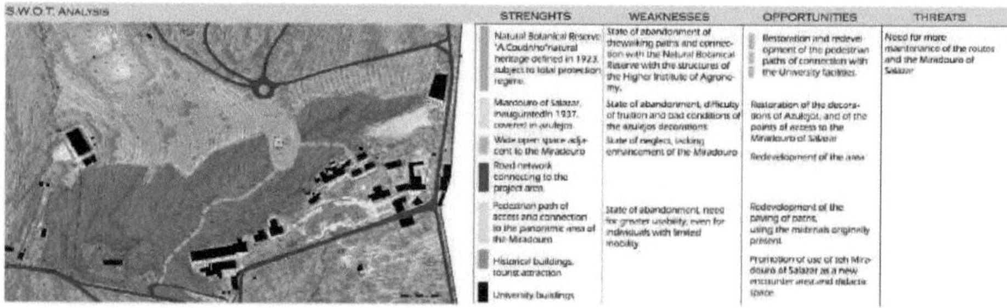

Figura 56: Análise S.W.O.T. da área do projeto

O *Miradouro* de Salazar apresenta-se num estado de abandono e degradação, diminuindo assim também o valor da Reserva Natural Botânica, cuja atual entrada única se situa ao lado do *Miradouro*; os percursos pedestres que ligam a Reserva Natural Botânica "A. Coutinho" à envolvente estão completamente cobertos de vegetação. A Reserva Natural Botânica representa a memória viva das antigas florestas que habitavam o território de Lisboa, é uma das poucas áreas de vegetação natural existentes e está, por isso, sujeita a proteção total.

O projeto de requalificação destas áreas tem como principal objetivo a recuperação dos percursos pedonais de acesso às instalações da Universidade, de modo a facilitar a sua fruição e a devolver ao *Miradouro* e à Reserva Botânica o seu papel de locais de encontro, facilmente acessíveis aos estudantes e aos visitantes da *Tapada da Ajuda*. Em segundo lugar, as propostas de requalificação dizem respeito à requalificação dos espaços abertos que rodeiam o *Miradouro* de *Salazar*, valorizando estas áreas através da criação de equipamentos para os estudantes e para os visitantes. O conceito da proposta de reabilitação do *Miradouro* de *Salazar* tem origem nas estruturas quadrangulares recorrentes que podem ser encontradas na zona: Em primeiro lugar, a forma quadrangular da estrutura construída do *Miradouro,* devido à sua função original de tanque de água, que domina a colina mais alta de todo o território da *Tapada da Ajuda*; a estrutura física do miradouro é coberta por *azulejos* de azulejos quadrangulares tradicionais, como as peças remanescentes da *calçada* portuguesa que outrora cobriam o caminho que conduz à entrada da Reserva Natural Botânica. Por estas razões, optou-se por basear o conceito do projeto na recuperação de tradições em chave contemporânea, procurando devolver a ordem, mesmo geométrica, a uma área hoje quase totalmente naturalizada pela vegetação espontânea. Respeitando o valor ecológico e paisagístico da área do projeto, as espécies arbóreas e arbustivas previstas para as intervenções de requalificação foram escolhidas com base no levantamento do estado atual da vegetação. O objetivo do projeto de requalificação da área envolvente ao *Miradouro* de *Salazar*, é a requalificação do caminho de acesso, constituído principalmente por *Cercis siliquastrum* e *Jacaranda mimosifolia,* atualmente com muitos exemplares em mau estado de saúde, ou com problemas relacionados com o crescimento devido à grande quantidade de exemplares arbóreos e consequente reduzido espaço para o crescimento e desenvolvimento das raízes das plantas. A Reserva Natural Botânica "A. Coutinho", está sujeita a um regime de proteção total, pelo que não é possível operar de forma significativa sobre a vegetação. O projeto prevê a requalificação do percurso através do qual a Reserva é atravessada, desbastando a vegetação, quando necessário para tornar a área utilizável, mas sem prejudicar o seu equilíbrio. Os materiais utilizados para a pavimentação dos percursos diferem de acordo com a situação atual: para a requalificação da estrada de acesso ao *Miradouro* de *Salazar*, deverá ser utilizada a Calçada Portuguesa, pois sob a atual camada de asfalto que a reveste, ainda é possível observar vestígios deste material de pavimentação. Uma vez que a requalificação dos caminhos de pedra cinzelada assente num padrão regular[23] seria muito dispendiosa, a intervenção de requalificação envolve a comunidade local com o projeto *NeoFofo*[24] Esta intervenção, para além de ter custos muito reduzidos, poderá ser realizada através da organização de workshops com os alunos do *Instituto Superior de Agronomia.*

---

[23] ou Calçada Portuguesa.
24 Para mais informações, visite: https://www.facebook.com/pg/neoFOFO/about/?ref=page_internal

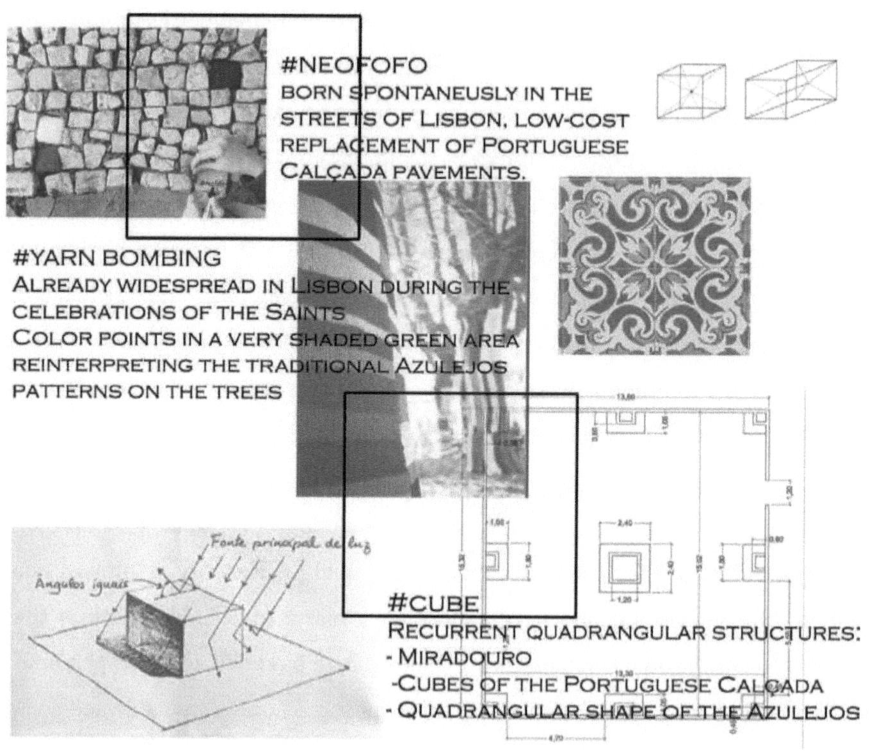

Figura 57: Esquema concetual da proposta de requalificação do Miradouro de Salazar

Os caminhos que outrora ligavam a Reserva Natural Botânica terão de ser realizados com outro critério: causar o mínimo de danos à vegetação e efetuar intervenções minimamente invasivas. O material escolhido é a madeira de teca modular, pois permite evitar trabalhos de fundação complicados e longos, bem como dispendiosos, em favor de uma construção simples e rápida que não requer construções pesadas, danificando a vegetação existente. Além disso, dada a presença de afloramentos calcários na maior parte da área do projeto, e de declives e inclinações, a madeira oferece a possibilidade de criar rampas ou degraus acompanhados de corrimãos.

A primeira área de intervenção diz respeito ao caminho de acesso à área do projeto e ao jardim a norte do *Miradouro* de *Salazar,* que o acompanha em toda a sua extensão. Esta zona é quase totalmente plana, com exceção da altura do *Miradouro* que é de 3 metros. O terreno é coberto por arbustos e grandes exemplares de *Cupressus lusitanica,* que quase sempre ensombram o jardim, ao fim do qual, virando para a Cova do Sobreiro, a vegetação se adelgaça, deixando a luz penetrar pelos ramos das árvores, oferecendo uma espetacular vista panorâmica sobre o Palácio Real da Ajuda e o Rio Tejo. Esta área, com a criação de ligeiros terraços que acompanham a estrutura natural do terreno, e a instalação de um terraço panorâmico, poderá transformar-se num perfeito anfiteatro natural, ideal para aulas ao ar livre. Aqui pode ser inserido outro elemento da tradição portuguesa, o Yarn Bombing[25]uma prática já muito difundida em Lisboa durante o período das *Festas dos Santos Populares*[26]que poderia ser facilmente realizada pelos alunos da Universidade. O conceito de projeto para esta área é o de criar uma "sala de aula" ao ar livre, concebida também como uma "sala" natural, um contentor de elementos de mobiliário, cuja janela é a vista para o Palácio Real de Alcântara (Fig. 59). Os bancos cúbicos em pedra branca dispostos aleatoriamente no jardim, com os caminhos restaurados de calçada portuguesa, recordam a composição típica dos *Miradouros*, tanto funcional como esteticamente. O jardim transforma-se numa sala de visitas ao ar livre, em que os cubos são simultaneamente bancos e objectos com diferentes perspectivas que se relacionam com as silhuetas e as sombras das árvores. Os troncos das outras, cobertos com tecido de croché, (Yarn Bombing), dão luz e cor ao jardim, relembrando a tradição portuguesa com as fantasias inspiradas nos *Azulejos (Fig. 58)*.

---

25 Também designado por *yarnbombing, yarn storming, guerrilla knitting, kniffiti, urban knitting* ou *graffiti knitting,* é um tipo de graffiti ou arte de rua que utiliza exibições coloridas de fios ou fibras tricotadas ou crochetadas em vez de tinta ou giz.

26 junho é o mês dos *Santos Populares*, em todo o país há festas e celebrações nas noites de Santo António, São João e São Pedro; em Lisboa cada bairro é representado por um grupo que desfila nas marchas populares ao longo da Avenida da Liberdade, com centenas de participantes, música e cores e muito público. As ruas dos bairros populares são também muito concorridas, sobretudo *Alfama*, mas também *a Graça, a Bica, a Mouraria* ou *a Madragoa*. Nas pequenas praças e nas ruas medievais, cozinham-se o 'caldo verde' (sopa de couve verde), as sardinhas assadas, e as pessoas cantam e dançam durante toda a noite.

Figura 58: Vista da "sala de aula ao ar livre" com bombardeamento de fios nas árvores e nos bancos cúbicos.

Figura 59: A vista sobre o Palácio Real de Alcântara e o novo terraço de madeira.

Figura 60: Proposta de Plano de Projeto para a recuperação do *Miradouro* de *Salazar*.

A segunda fase do projeto envolve os espaços abertos em torno do *Miradouro* de *Salazar*, a cabine de comando do tanque de água no lado sul do mesmo, e a área verde envolvente. Para além das intervenções de restauro e limpeza do *Miradouro*, o projeto envolve a criação de tanques e cursos de água em aço Corten, que enquadram a área pavimentada em madeira de Teca, e recordam a presença do Lago Branco, visível a partir do *Miradouro* de *Salazar (Fig.61)*.

Figura 61: Vista da nova área pavimentada em torno do *Miradouro*, e do tanque de água ao longo do lado norte.

Para atenuar a poluição visual da cabana branca colocada a sul, na base do *Miradouro*, o projeto prevê a criação de coberturas e muros verdes, com as mesmas espécies presentes espontaneamente na Reserva Natural Botânica (Fig. 62);

Figura 62: Vista da parte inferior sul da estrutura do *Miradouro*, a cobertura verde cobre as partes de controlo do tanque de água.

O acesso também será possível através de vários percursos que se ramificam a partir do *Miradouro* de *Salazar*. Para valorizar visualmente esta área, a pavimentação retoma o plano *do Miradouro*, alargando para nascente o percurso que liga o *Miradouro* de *Salazar* ao Pavilhão de Exposições. A estrutura é então transformada na do *Miradouro* no centro de uma praça pública, tornando a área, não só num espaço de encontro e lazer com uma vista panorâmica incomparável, mas também numa zona de recreio fundamental no centro do complexo *da Tapada da Ajuda*.

Figura 63: O Miradouro de Salazar restaurado.

Figura 64: O terraço virado para a zona oriental de Lisboa

A terceira fase de requalificação trata da ligação e da exequibilidade da Reserva Natural Botânica, com o *Miradouro* e o resto da *Tapada da Ajuda*. Estando a Reserva

91

sob o regime de Proteção Total, é necessário intervir, danificando e modificando o menos possível a vegetação e a paisagem. Para criar uma continuidade entre as três áreas do projeto, a Reserva é acessível por um percurso em plataformas de teca, elevadas do solo (à semelhança do terraço do *Miradouro*), o que permite uma total adaptabilidade ao solo com rocha calcária do território.

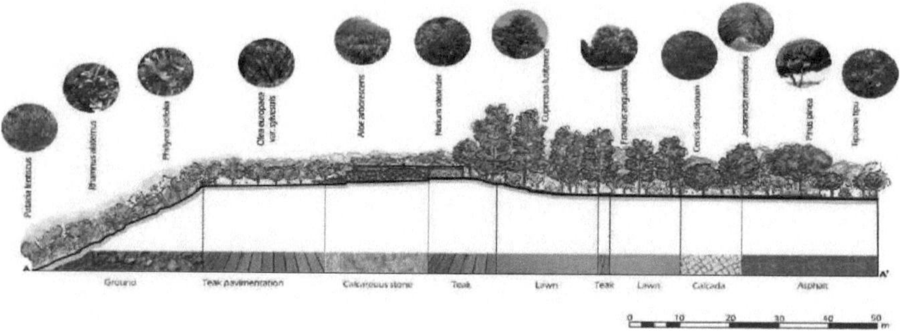

Figura 65: Secção A-A' da planta do projeto, vegetação e coberturas do solo.

O percurso na Reserva Natural Botânica, para além de oferecer vários pontos de descanso e repouso através de plataformas em aço Corten elevadas do pavimento (Fig. 66), nunca perde o contacto visual com o rio Tejo, elemento aglutinador de todas as áreas do projeto. Nas colinas pedonais da Reserva Natural Botânica, o projeto envolve a instalação de cubos habitáveis, que orientam o olhar do espetador para uma vista panorâmica, e mantêm a planta quadrangular recorrente do conceito do projeto.

Figura 66: Em cima: Plataformas de aço corten levantadas do pavimento localizam-se ao longo do percurso no interior da Reserva Natural Botânica "A. Coutinho";

Em baixo: A instalação de cubos habitáveis, que orientam o olhar do espetador para uma vista panorâmica.

5.   Terraços sobre a metrópole

A elaboração da estratégia de projeto para a criação do *Ecomuseu "Olha Lisboa"* visa reforçar a resiliência de uma rede de paisagens urbanas únicas, e prossegue este objetivo com base na certeza cultural de que as paisagens só podem ser eficazmente preservadas através de um delicado equilíbrio entre intervenções de transformação, que se adaptam à mudança da comunidade que as habita, e intervenções de conservação que podem ser reforçadas através da adoção de restrições ambientais. Como se pode constatar pelas fases de estudo das áreas de projeto, a área dentro dos limites do Ecomuseu inclui oito parques, ricos em património histórico, na sua maioria já classificados como património da UNESCO, que têm também um importante interesse paisagístico e naturalista, contando com a presença de várias colecções botânicas, geo-monumentos e fitomonumentos, protegidos por restrições ambientais. A resiliência desta rede de paisagens refere-se à capacidade destes locais de sofrerem perturbações resistindo aos danos e regenerando-se de forma rápida e eficiente; A capacidade de um sistema se sustentar é um importante fator de resiliência, que neste caso pode ser subsidiado através dos processos de regeneração que restauram, renovam e revitalizam as suas próprias fontes de identidade, neste caso particular devolvendo a estes *Miradouros* o seu papel de espaços públicos multifuncionais. Como afirmou o Papa Francisco na sua carta encíclica *Laudato Si'* publicada em maio de 2015: *"Dada a inter-relação entre o espaço vital e o comportamento humano, aqueles que projectam edifícios, bairros, espaços públicos e cidades devem recorrer às várias disciplinas que nos ajudam a compreender os processos de pensamento, a linguagem simbólica e os modos de agir das pessoas."*, o projeto do Eco-Museu "Olha Lisboa", que religa estes "terraços sobre a metrópole" ou miradouros, com locais de valor histórico e natural através dos 5 itinerários, lida com a ecologia integral da cidade. A identidade cultural da capital portuguesa pode ser reforçada revitalizando lugares esquecidos, como os *Miradouros* do *Eco-Museu "Olha Lisboa"*, oferecendo uma nova "visão" sobre o património da cidade e uma nova forma de o viver e experienciar; *"Aprender a perceber o mundo como um sistema interminável de interações, ou seja, pensar sobre o nosso entorno e as nossas relações com os nossos ambientes e uns com os outros ecologicamente"* (Steiner, 2016). O recente debate da *Câmara Municipal de Lisboa* sobre a conservação e proteção do Parque Florestal de Monsanto, também designado por "pulmão verde" de Lisboa, quer no que diz respeito ao ordenamento florestal, que pode conduzir a serviços ecossistémicos igualmente vantajosos e economicamente tão rentáveis como a produção de madeira e pasta de papel e que são florestas autoprotectoras, quer à proposta de classificação como Área Protegida de Interesse Regional[27]confirma a importância fundamental dos princípios culturais do projeto.

Ao mesmo tempo, a UICN (União Internacional para a Conservação da Natureza), o ICOMOS (Conselho Internacional dos Monumentos e Sítios) e uma série de parceiros, nomeadamente através de actividades conjuntas e apresentações em fóruns internacionais, lançaram o *Projeto Connecting Practice,* uma das poucas iniciativas internacionais que aborda a "divisão" frequentemente observada entre o património natural e o património cultural[28]O projeto ajudou a sensibilizar para o facto de que o património natural e cultural estão intimamente interligados na maioria das paisagens e marinhas, e que a conservação eficaz e duradoura desses locais depende de uma melhor integração das filosofias e procedimentos relativos à sua governação e gestão (Leitão, 2016). O *projeto Connecting Practice* visa explorar, aprender e criar novos métodos de reconhecimento e apoio ao carácter interligado do valor natural, cultural e social de paisagens terrestres e marinhas altamente significativas e de práticas bioculturais associadas[29]. Esta iniciativa, tal como o projeto do *Eco-Museu "Olha Lisboa"*, visa proporcionar a oportunidade de influenciar uma mudança nas disposições conceptuais e práticas para a consideração da cultura e da natureza no âmbito da implementação da Convenção do Património Mundial, explorando, definindo e adaptando metodologias de eficácia de gestão que se apliquem tanto a sítios culturais como naturais e reconheçam o carácter biocultural interligado dos seus valores naturais, culturais e sociais. Para reforçar a conservação das paisagens do Miradouro, seria certamente recomendável propor a candidatura destas áreas a Património

---

27   https://www.dn.pt/sociedade/interior/floresta-de-monsanto-defendida-na-assembleia-municipal-5665201.html
28 http://cmsdata.iucn.org/downloads/connecting_practice_report_iucn_icomos_.pdf
29 Ibid.

Mundial, uma vez que são perfeitamente compatíveis com os critérios indicados pelo ICOMOS, estes sítios são: "obras do homem ou obras combinadas da natureza e do homem, e zonas que incluam sítios arqueológicos que tenham um valor universal excecional do ponto de vista histórico, estético, etnológico ou antropológico"[30]Entre as caraterísticas necessárias para fazer parte da lista do Património Mundial[31]pode afirmar-se com certeza que estes sítios: exerceram grande influência, durante um período de tempo ou numa área cultural do mundo, sobre a evolução da arquitetura, das artes monumentais ou do urbanismo e do paisagismo[32]. O reforço dos quadros políticos e das disposições de gestão para a proteção de paisagens altamente significativas pode ajudar a sociedade contemporânea a alcançar uma consideração mais genuinamente integrada do património natural e cultural, envolvendo ativamente os seus cidadãos.

30 www.icomos.org/publications/93touris13.pdf
31 Ibid.
32 Critério II, Ibid.

6. Bibliografia:

Basso Peressut (1985), *I luoghi del museo*. Editori Riuniti, Roma

Boeri S. (2002), *USE (Uncertain States of Europe). Note per un programma di ricerca*, in Aa. Vv., *La città europea del XXI secolo*, Skira ed., Milano 2002.

Careri F., 2002, *Walkscapes, camminare come pratica estetica*, Einaudi ed., Torino.

Corboz A. (1983), *Il territorio come palinsesto*, in "Casabella" n. 516.

Koolhas R., Mau B. (1995), *Atlanta, em S, M, L, XL*, Monacelli press, Nova Iorque.

Davis (1999), *Ecomuseus e a democratização do turismo cultural*, in "Tourism, Culture & Communication" (2004).

De Varine H. (1975), *Museu: A palavra e mais além*, Entrevista.

De Varine H. (1992), *L'écomusée*, in Wasserman F. (curado por), *"Vagues. Uma antologia da nova museologia"*, Marsiglia, MNES.

De Varine H. (2005), Le radici del futuro, Il patrimonio culturale al servizio dello sviluppo locale, Bolonha, CLUEB ed.

Jackson J. B. (1984), *The world itself*, em *Rediscovering the vernacular landscape*, Yale University Press.

Leitao L. (2016), et al., *Introdução*, em *Connecting Practice 2 The final report*, http://openarchive.icomos.org/1841/1/ConnectingPractice_2_Report_EN.pdf

Lynch K. (1975), *L'immagine della città*, Marsilio ed., Venezia

Noguè J. (2010), *Altri Paesaggi*, Franco Angeli ed., Roma

Pessoa F. (1984), *O ecomuseu*, Diuno de noticias, 19 de dezembro de 1984

Papa Francisco (2015), *Laudato Si',* Piemme ed.

Romani V. (988), *Il paesaggio dell'Alto Garda bresciano, Studio per un piano paesistico*, Grafo ed.

Sampieri A. (2008), *Nel Paesaggio, il progetto per la città negli ultimi vent'anni*, Donzelli ed., Roma.

Santos A., Branquinho C., Gonçalves P., Santos Reis M. (2015), *Lisbon Case Study City Portrait*; part of *Green Surge study on the urban green infrastructure planning and governance in 20 European cities*, Fundação da Faculdade de Ciências de Lisboa (FFCUL), Portugal.

Sassen S., (1997), *Le città nell'economia globale*, Il mulino ed., Bolonha.

Steiner F. (2016), *Human Ecology: How Nature and Culture shape our world,* Island Press.

Vitta M., (2005), *Il Paesaggio. Una storia tra Natura e Architettura*, Piccola biblioteca einaudi ed., Torino, cit. pag. 322.

Zardini M. (1996), *Paesaggi ibridi. Un viaggio nella città contemporanea*, Skira Architettura ed.

Zucker P. (1970), *Town and Square: From the Agora to the Village Green*, edição em brochura.

I want morebooks!

Buy your books fast and straightforward online - at one of world's fastest growing online book stores! Environmentally sound due to Print-on-Demand technologies.

Buy your books online at
www.morebooks.shop

Compre os seus livros mais rápido e diretamente na internet, em uma das livrarias on-line com o maior crescimento no mundo! Produção que protege o meio ambiente através das tecnologias de impressão sob demanda.

Compre os seus livros on-line em
www.morebooks.shop

Printed by Books on Demand GmbH, Norderstedt / Germany